휴머니멀

일러두기

· 이 책은 MBC 창사특집 다큐멘터리 〈휴머니멀〉에 방영된 내용을 포함하여 인간과 동물의 공존을 위해 반드시 알아야 할 현장 르포를 담았습니다. 방송에 출연한 프레젠터 유해진, 류승룡, 박신혜 님은 동물보호에 관한 선한 영향력을 전하는 책의 의의에 공감하며 방송 스크립트의 무상 사용을 허락해 주었습니다.

· 표지에 사용된 박신혜 배우의 사진은 소속사의 허가를 받아 사용했으며, 박신혜 배우의 요청에 따라 초상권 사용료에 해당되는 도서를 '희망친구 기아대책 산하 지역아동센터 '행복한홈스쿨'에 기부합니다.

· 이 책의 수익금 일부는 동물과 더불어 사는 삶을 실천하기 위해 '동물권행동 카라'에 기부합니다.

HUMANIMAL

휴머니멀

인간과 동물이
더불어
산다는 것

김현기 지음

포르*세

차례

날것의 현실을
마주하려는
각오

사람들은 다큐멘터리가 있는 그대로의 '자연'이라고 착각한다. 휴먼다큐의 출연자는 카메라가 있든 없든 똑같이 행동하고, 자연다큐 속 동물은 촬영팀 앞에서도 야생의 본능을 여과 없이 드러낼 것이라 믿는다. 이는 일견 사실이지만, 적잖이 거짓이기도 하다. 사람도 동물도 카메라가 자신을 따라다니는 상황에서 온전히 자유로울 수 없다.

다큐멘터리스트들은 이런 한계를 극복하기 위해 끊임없이 촬영 방식을 진화시켜 왔다. 연출과 관찰, 도찰 사이의 어딘가에서 피사체의 진정한 모습을 담아내려는 갖은 노력들. 오히려 더 그림자처럼 달라붙어 주인공이 제작진을 (마치 공기처럼) 의식하지 않는

경지에 도달하면, 그제야 자연스러운 본성이 수줍게 속살을 드러낸다. 다큐멘터리는 천착의 산물이다.

그래서였을까. '휴머니멀'을 처음 기획할 때 내 마음에 찾아든 건 '진짜 세상을 보여주고 싶다.'는 갈증이었다. 수려하게 만들어진 앵글 속의 계획된 장면이 아니라, 조금은 거칠고 과격하더라도 삶과 죽음이 교차되는 찰나를 담고 싶었다. 포장되지 않은 날것의 현실, 오직 그게 전부였다.

우리가 익히 아는 유명 다큐멘터리들 속 사자와 코끼리는 대부분 순수한 야생의 동물이 아니다. 이들은 국립공원이나 사파리에 살며 레인저(기습공격이나 정찰을 수행하기 위하여 특수 훈련을 받은 특수부대나 그 부대원, 여기서는 야생동물의 보호를 위해 훈련받은 특수 조련사의 의미로 쓰였다.)들로부터 24시간 보호를 받는다. 수많은 관광객이 사파리카를 타고 이 동물들의 꽁무니를 쫓는다. 끝없이 터지는 플래시와 탄성 속에서 낮잠을 자고 사냥을 하는 삶. 다큐팀이 이들을 발견해 스케치 촬영이라도 하려 하면, 순식간에 대여섯 대의 사파리카가 몰려들 정도다. 다시 말해, 이 동물들은 관찰과 촬영에 숙련된 배우나 마찬가지다. 보통 우리가 떠올리는 화면 속 야생이 '판타지'일 수밖에 없는 이유다. 인간과 동물의 실제 관계가 거세된 생태계는 이미 '리얼리티'가 아니기 때문이다.

'휴머니멀'은 이런 왜곡된 현장 말고, 생존을 위한 냉엄한 투쟁을 포착하는 것을 목표로 삼았다. 인간의 손에 죽어나가고, 포획되고, 길들여지고… 그렇게 궁지에 몰려 최후의 반격에 나서는 진짜 야생동물. 촬영도 어려울뿐더러, 촬영 허가를 받기조차 쉽지 않은 이 생명체들의 공포와 적개심, 그걸 담아내고 싶었다. 이 모습이야말로 이들과 지구를 공유한 우리의 민낯을 비추는 거울이자, 본 다큐멘터리의 가치를 차별화하는 가늠자가 될 터였다.

이를 담기 위해 2018년 12월부터 1년이 넘는 시간 동안 4개 대륙 10개국을 넘나들었다. 아프리카 코끼리부터 태평양의 돌고래까지… 보츠와나, 짐바브웨, 케냐, 남아공에서 태국, 일본을 지나 이탈리아, 미국에 이르는 지구 다섯 바퀴의 대장정. 나의 호기로 벌인 일에 수많은 스태프를 소위 갈아 넣었다. 꾸역꾸역 이어진 9번의 해외출장은 공항만 봐도 신물이 넘어올 지경에서야 끝이 났다. 신혼인 후배 피디가 그해 들어 아내보다 나와 더 많이 잤다며 볼멘 농담을 해댔다. 이어진 밤샘 편집은 두 달을 훌쩍 넘겼고, 나를 돕는 조연출들은 회사에 서식하는 생명체처럼 보였다. 메인작가는 마지막 5부 대본을 넘기고 바로 다음날 첫 아이를 출산했다. 그렇게 나의 의지에 다른 이들의 헌신을 보태 '휴머니멀'을 세상에 내놓았다.

만드는 내내 그랬듯, 막상 만들고 나서도 걱정이 앞섰다. 이 불편하고 잔인한 진실을 전혀 모르고 있던 사람들에게 군이 내보이는 게 맞을까? 영화 〈시계태엽 오렌지(A Clockwork Orange)〉에서 죄수들을 교화시키는 '루드비코 치료법'처럼, 강제로 시청자의 눈을 벌려 인간의 만행을 주입해대는 꼴은 아닐까? 우리 자신에 대한 혐오가 커질 경우, 자칫 '휴머니멀'이 보여준 현실을 부정하거나 더 외면하게 될까 두려웠다. 판타지를 원하는 대중에게 극단적 리얼리티는 배신감을 주기도 하니까.

다행히 사람들은 내가 말하고자 하는 바를 곡해 없이 받아들였다. '휴머니멀'이 지닌 르포르타주(Reportage)적 가치에 열렬히 호응해준 시청자들에게 지면을 빌어 깊은 감사를 드린다. 이는 단순한 애정을 넘어, 선한 지배자로서의 역할에 대한 연대의식의 표현이라 생각한다. 방송 이후 SNS상에서 #동물학대반대, #동물원가지않기, #수족관가지않기와 같은 해시태그 릴레이가 번져간 것은 가슴 뭉클한 증거로 남았다. 이 움직임은 화천 산천어 축제 반대 여론으로까지 옮겨 붙어 그 논쟁적 생명력을 이어갔다.

우리의 세상은 이런 방식으로 도도한 변화 요구에 직면하는 모양이다. '휴머니멀'이 생명 감수성 공론화의 뒤늦은 발화점이 될 수 있었다면, 모두 이를 적극 수용해준 여러분 덕분이다. 미약한 성과를 공치사하는 듯해 쑥스럽지만, '휴머니멀'을 글로 남길 용기를 낸 것도 같은 이유에서다. 5부작 방송 분량에 미처 담지 못했던 방대한 사실들과 거기에 숨은 진실을 보다 소상히 기록하기 위해서. 그리고 각 상황에서 느꼈던 제작진으로서의 소회는 덤이다. 그렇게 이 책이 여러분에게 다가가, 인간과 동물의 관계를 직시하고 공존의 의미를 재구성하는 길라잡이가 되길 소망한다.

　　마지막으로 '휴머니멀'을 위해 물심양면 애써준 모든 동료 스태프들에게 온 마음을 담아 감사와 애정을 보낸다. 이 여정에 기꺼이 동참해 최고의 페르소나가 되어준 세 분의 프레젠터들, 묵직한 울림의 목소리가 되어준 김우빈 내레이터, 오지를 넘나들며 생사고락을 함께한 촬영팀, 나의 부족한 능력을 메우고 든든하게 같은 방향으로 걸어준 후배 피디와 조연출 그리고 작가들… 이 책 또한 그들의 노고를 자양분 삼은 결과물이다.

2020. 5.

김현기

1장

밀렵과의 만남,
코끼리 죽이기

코끼리는 왜 재주를 넘을까

"코끼리의 삶에 대해서 그렇게 깊게 생각해본 적은 없었어요. 사실 저랑은 좀 거리감이 있는 동물 같더라고요."

치앙마이에 코끼리를 만나러 온 배우 유해진 씨가 그렇게 첫마디를 뱉었다. 일부러 동물원을 찾지 않는 이상, 우리나라에서는 코끼리를 살아 움직이는 동물로 실감할 기회가 거의 없다. 하지만 아시아에서 코끼리는 인간과 무척 밀접한 관계를 맺고 살아가는 동물이다. 사람을 태우는 트래킹, 두 발로 서거나 코로 그림을 그리는 서커스, 통나무를 나르는 노역장, 각종 종교 행사에도 코끼리는 자주 등장한다.

우리는 매체나 여행에서 본 코끼리의 삶이 소나 말 같은 가축과 크게 다를 바 없다고 생각해 왔는지도 모른다. 하지만 그 이면의 진실을 깨닫고 나면 적잖은 충격이 따라온다. 영화 〈매트릭스(The Matrix)〉에서 선지자 모피어스(로렌스 피시번)는 가상세계에서 살고 있는 앤더슨(키아누 리브스)에게 두 개의 알약을 내민다. 안락한 가상현실에서 계속 살아갈 건지, 디스토피아적인 현실을 받아들일 건지 묻는 것이다. 그 기로에서 앤더슨은 결국 현실로 돌아올 수 있는 빨간 알약을 선택한다. 코끼리의 삶에 대한 '진실'을 깨닫는 것도 이와 비슷하다. 인간과 코끼리의 실제 관계를 알고 나면 더 이상 동물원도, 서커스도 이전과 같은 마음으로는 볼 수 없다.

아시아 코끼리가
사람을 태우는 이유

코끼리는 아시아권에서 흔히 신성의 아이콘으로 등장해 왔다. 불교도가 전 국민의 95%에 달하는 태국에서 코끼리는 국가 공식 상징물로 '영광, 용기, 관용'을 의미한다. 불교 전설에 따르면, 부처의 어머니인 마야 왕비는 하얀 코끼리가 자궁으로 들어오는 태몽을 꾼 뒤 붓다를 임신했다고 한다. 불교가 국교이던 1917년에는 태국 국기에 왕실을 상징하는 흰 코끼리가 그려지기도 했다.

태국 종교 행사와 서커스 묘기에 동원되는 코끼리

지금도 태국, 스리랑카, 미얀마 등 인접 국가의 큰 불교 행사에는 반드시 코끼리가 등장한다. 화려한 장신구를 걸친 코끼리가 왕실마차와 불상을 끌던 신성한 전통이 현재까지 그 명맥을 이어오고 있다. 이 나라를 찾는 외국인들에게 이러한 퍼레이드와 서커스, 트래킹은 매력적인 볼거리다. 우리나라에서도 동남아시아 여행 패키지에 코끼리 트래킹이 필수 옵션으로 들어가 있는 경우가 많다. 코끼리를 가까이에서 만져보거나 그 재주를 즐기는 것은 분명 색다른 체험이기 때문이다.

그러나 우리가 간과해 온 중요한 사실이 있다. 코끼리는 원래 야생동물이라는 점이다. 아시아 코끼리도 마찬가지다. 상당수의 태국 코끼리는 산악지방에 사는 소수민족 주민들이 포획해 길들인 것이다. 야생에서 잡은 코끼리를 훈련시켜 트래킹이나 서커스용으로 다시 판매하는 식이다. 해진 씨도 코끼리가 나오는 쇼를 접할 때면 내심 고개를 갸우뚱했다. 인간은 어떻게 이 덩치 큰 야생동물을 길들이는 것일까? 그리고 코끼리는 왜 이렇게 고분고분 죽을 때까지 인간이 시키는 대로 일하는 것일까?

바로 이 지점에 진실의 세계로 들어오는 빨간 알약이 놓여 있다. 우리가 그동안 깊이 생각해보지 않았던 현실, 사람과 코끼리의 관계가 아름다운 교감이나 헌신이 이끌어낸 결과물이 아니라는 뼈아픈 진실 말이다. 그게 〈매트릭스〉와 같은 착각에 불과하다는 것을 깨닫는 데에는 오랜 시간이 걸리지 않는다.

코끼리생태공원(Elephant Nature Park, ENP)은 우리에게 그 해답을 던져준 곳이었다. 이곳에 들어서면 언뜻 거대한 초식 공룡들이 드넓은 들판을 거닐고 있는 듯한 장관이 펼쳐진다. 동물원의 철창이나 시멘트 담장과는 거리가 먼 이 풍경을 해진 씨는 넋 놓고 지켜보았다. 한눈에 봐도 수십 마리의 코끼리들이 그야말로 대자연에 일부로 살아가고 있었다. 마치 오래 전부터 이곳에서 안락하고 평온한 삶을 누려왔던 것처럼.

"그런데, 완전히 착각이더라고요. 아예 다른 세상이 있었어요, 이 안에……."

코끼리생태공원은 태국 치앙마이 시내에서 60km 쯤 떨어진 산 중턱에 자리 잡고 있다. 현재 이곳의 코끼리는 86마리, 관리하는 직원은 100명이 넘는다. 이 거대한 공원에 살고 있는 코끼리들은 사실 학대를 당하거나 장애가 생겨 구조된 녀석들이다. 태국에는 길들여진 코끼리가 4,000마리 정도 있는데, 그중 2백여 마리가 벌목에 이용되고 나머지는 대부분 사람이 타는 용도로 쓰인다. 하는 일은 달라도 가학적인 처우는 크게 다르지 않다. 그 과정에서 대부분의 코끼리들은 심각한 학대의 후유증으로 망가져 간다. 그리고 이런 코끼리들은 제각각의 아픈 사연을 품고 최종적으로 이곳에 이르게 된다. 유기동물보호시설처럼 코끼리생태공원도 일종

서커스장에 발이 묶여 음식을 제대로 먹지 못하는 새끼 코끼리(위),
쇠꼬챙이로 학대 받으며 관광객을 태우는 코끼리의 모습(아래)

의 피난처(sanctuary)이자 재활 시설로써 기능하는 셈이다.

이 공원의 설립자인 생드언 차일러트(Saengduean Chailert)는 아담한 몸집의 중년 여성이다. 그녀가 코끼리를 돕기로 마음먹은 것은 바로 16살 때였다. 코끼리를 사육하는 고산족 출신이었던 차일러트는 벌목 현장에서 비쩍 마른 코끼리 한 마리를 보게 되었다. 주인은 쇠꼬챙이로 코끼리를 심하게 때리고 찌르며 닦달했는데, 이마에서 피가 줄줄 흐를 정도였다. 이후 그녀는 주인 몰래 코끼리에게 약을 발라주며 세 달가량을 돌봐주었다. 그리고 사육당하는 모든 코끼리가 이 같은 학대 속에서 죽을 때까지 일해야 한다는 사실에 몸서리쳤다. 그 모습을 가슴에 담아둔 차일러트는 대학을 졸업한 후 비정부기구(NGO)에서 경력을 쌓았다. 이를 바탕으로 1996년부터 코끼리 보호 활동을 시작했고, 2년 후 코끼리생태공원을 설립하기에 이르렀다.

그녀의 추진력에는 태국 정부도 혀를 내둘렀다. 코끼리생태공원을 위해 국유지를 무상 임대해주고, 태국 산림청(야생동물 담당부서)도 정책 수립에 그녀의 의견을 수렴할 정도였다. 사람들은 코끼리 다리 사이를 재빠르게 오가는 그녀를 '렉' 차일러트라고 불렀다. '렉(Lek)'은 태국어로 '작다'는 뜻이다. 이 애칭에는 코끼리를 지키는 작은 거인에 대한 태국인들의 존경과 애정이 담겨 있다.

코끼리생태공원에서 여생을 보내는 코끼리

코끼리생태공원 강에서 목욕을 즐기는 코끼리의 모습

'렉' 차일러트 생태공원설립자와
구조된 코끼리들

자아를 말살시키는 훈련, 파잔

코끼리는 생각보다 머리가 좋은 동물이다. 코끼리의 지능이 낮을 거라는 선입견은 아마 공룡 때문에 생긴 듯하다. 브라키오사우루스(Brachiosaurus)처럼 몸집이 25m에 달하던 거대 초식 공룡들은 실제로 지능이 낮고 집단생활을 했는데, 코끼리는 큰 덩치 때문인지 이들의 후예쯤으로 여겨지며 과소평가 당해온 셈이다.

코끼리의 두뇌는 크기가 인간의 2배 이상이라 그 무게가 5kg을 훌쩍 넘는다. IQ는 50~70으로 3~5세 아이 정도이며, 기억력은 침팬지와 돌고래를 넘어 동물 중 최고 수준이다. 과학자들에 따르면, 코끼리는 거울에 비친 자신을 인식할 정도의 자아정체성을 갖추었다고 한다. 기쁨과 분노, 연민, 슬픔 등 다양한 감정 표현도 가능하다. 가족 구성원과 그 역할을 모두 구분할 만큼의 사회성도 가지고 있다. 한마디로, 내가 누구인지와 지금 주변에서 어떤 일이 생기는지를 모두 알 수 있는 고등 생물이란 뜻이다. 이러한 코끼리를 사람의 입맛에 맞게 이용하기 위해서는 그 야생성과 자아를 온전하게 굴복시켜야만 한다. 지금까지의 삶을 모두 잊고 인간의 지시만을 따르도록 하는 '세뇌' 과정이 불가피하다는 뜻이다. 그리고 이는 극단적이고 압축적인 충격과 학대의 투입을 의미한다.

쇼에 동원되는 코끼리들은 대개 어릴 때부터 훈련을 받는다.

예전에는 약 8살부터 훈련을 시작했지만, 요즘에는 생후 5개월만 되어도 어미로부터 분리시켜 길들이기 시작한다. 훈련이라고는 하지만 사실상 고문에 가깝다. 우선 영문도 모른 채 끌려온 어린 코끼리를 트레이닝 클래스라고 부르는 작은 나무 우리에 가둔 뒤 반항하지 못하도록 꼬리와 귀, 다리 등을 꽁꽁 묶는다. 그리고 마을 사람들이 돌아가며 24시간 내내 때리거나 송곳으로 찌르는 끔찍한 고통을 가한다. 물 한 모금 주지 않고 일주일에서 열흘 정도를 그렇게 가둬둔 채 학대를 이어간다.

고통에 울부짖던 아기 코끼리들은 결국 멋대로 움직이기를 체념하고 사람을 무서워하게 된다. 옴짝달싹할 수 없는 우리(cage) 안에서 온몸이 피투성이가 되는 것은 흔한 일이고, 일부는 실신해서 죽기도 한다. 대부분은 살아남더라도 뇌 기능에 문제가 생긴다. 극한의 고통 앞에 현실을 부정하다가 결국에는 기억상실증이 오거나 정상적인 사고를 할 수 없게 되는 것이다.

이처럼 코끼리를 사육하기 위해 자아와 야생성을 말살시키는 훈련 과정을 '파잔(Phajaan)'이라고 한다. 태국을 포함한 아시아의 13개 국가가 파잔으로 코끼리를 조련한다. 이 과정을 거친 코끼리들은 순순히 쇠사슬에 다리가 묶인 채 안장을 얹고 사람들을 태우게 된다.

파잔을 행하는 사육사들은 불훅(bullhook)이라 불리는 쇠꼬챙이로 코끼리의 이마와 신경이 몰려있는 귀 뒤를 마구 찔러댄다. 피

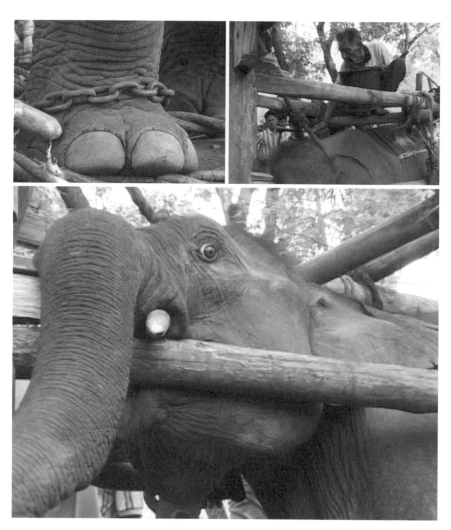

파잔에 사용되는 불훅과 코끼리 학대 모습(위)
파잔 이후 초점을 잃고, 자아를 상실하게 되는 코끼리(아래)

부가 너덜너덜해진 녀석들은 초점 없는 눈으로 사육사가 조종하는 대로 걷는다. 대개의 경우 자신이 코끼리라는 사실조차 잊은 지 오래다.

부주의한 조련사들이 불훅을 휘두르다 코끼리의 눈을 찌르는 경우도 부지기수다. 이로 인해 눈에 염증이 생기거나 시력을 잃는 코끼리도 많다. 차일러트 여사가 코끼리에게 먹이를 주는 모습을 유심히 보던 해진 씨도 이내 이상한 점을 발견했다. 유달리 눈동자가 하얗고, 먹이를 직접 코에 쥐어주지 않으면 먹지 못하는 녀석들이 곳곳에 있었던 것이다. 이곳에만 눈이 먼 코끼리가 17마리나 되었다. 모두 벌목 현장이나 서커스에서 오랜 시간 일해 온 코끼리들이었다.

눈이 먼 상태에서도 코끼리의 노역은 계속된다. 병들어 죽기 직전, 더 이상 몸이 말을 듣지 않는 상태라야만 주인들은 비로소 코끼리를 놓아준다. 심지어 그럴 때에도 코끼리 값을 지불해야만 한다. 차일러트 여사의 가장 중요한 업무는 바로 이런 코끼리들을 구조해 오는 일이다. 제보를 받으면 만일의 사태에 대비해 경찰과 사전 조율을 거친다. 코끼리 주인들은 누군가가 들이닥쳐 헐값에 자신의 코끼리를 구조해가는 걸 사유재산 침해로 받아들이기 때문이다. 차일러트 여사는 코끼리를 노역에 동원하는 단체로부터 살해 협박도 수차례 받은 바 있다.

계획이 수립되면 차일러트 여사는 직접 대형 트럭을 몰고 현장을 찾아가 코끼리를 데려온다. 삶의 등불이 꺼져가는 코끼리 앞에서도 주인은 흥정을 멈추지 않는다. 그렇다고 급한 마음에 많은 비용을 덜컥 줄 수도 없다. 그러면 주인은 그 돈으로 더 어린 코끼리를 산다. 또 다른 코끼리의 삶이 송두리째 망가질 수도 있다. 이 악순환의 고리를 완전히 끊어버려야 하지만 생각만큼 간단한 일이 아니다. 코끼리를 이용해 생계를 유지하는 이들의 저항은 여전히 거세고, 태국 정부도 코끼리를 통한 관광 수입을 당장 포기하긴 어렵기 때문이다. 차일러트 여사의 마음이 더 조급해지는 이유다.

하지만 다행히 세상도 조금씩 그녀의 목소리에 귀를 기울이고 있다. 지난 2019년 8월, 그녀는 스리랑카의 종교 축제 에살라 페라헤라(Esala Perahera)를 SNS에 직접 공개했다. '티키리'라는 암컷 코끼리 때문이었다. 70살이나 된 티키리는 이 행사에 동원된 60마리 코끼리 중 한 마리인데, 이전보다 확연히 파리해진 모습이었다. 네 발은 모두 쇠사슬에 묶여 있었는데 비척대며 발을 잘 디디지도 못했다. 갈비뼈가 앙상하게 드러난 몸에 눈도 못 뜰 정도로 지친 모습은 행사용 의상에 가려진 채였다. 코끼리 상태가 안 좋은 것 같다고 지적해도, 주최 측은 크게 문제될 것이 없다는 반응이었다. 결국 차일러트 여사가 해골처럼 수척한 티키리의 사진을 SNS에 올렸고, 국제적인 비난 여론이 들끓었다. 그러나 논란을 덮기에 급급한 스리랑카 정부의 비협조로 손쓸 틈도 없이, 티키리는 한 달 후에 세상을 떠나고 말았다. 70년 노예의 삶을 산 코끼리를 그녀는 이렇게 추모했다.

'티키리의 고통은 이제야 끝이 났고 그 영혼은 마침내 자유로워졌다. 평화롭게 잠들길……'

이후 사람들은 아시아 코끼리의 노역 동원과 가학적인 처우에 대한 문제의식을 갖기 시작했다. 부처의 자비를 기리기 위해 축제를 열지만, 거기에 동원된 코끼리에게는 조금의 자비도 베풀지 않는 아이러니한 현실. 인간은 초월적 존재를 숭앙하지만, 그 방식은 철저히 인간의 한계 안에 머문다. 생명 존중에 방점을 찍고 문제를 제기해도, 받아들이는 쪽은 그 진의를 외면하기 일쑤다. 폭로 이후 차일러트 여사의 스리랑카 입국은 사실상 금지되었다. 하지만 그녀는 이 일로 아시아 코끼리의 현실이 조금이라도 나아진다면 그것만으로도 성공이라고 단언한다.

"학대받는 코끼리 앞에서 제가 선택할 수 있는 길은 두 가지였어요. 하나는 보고도 모르는 척 무관심하게 스쳐 지나가는 것이고, 다른 하나는 모두에게 진실을 알리는 것이죠. 코끼리는 말을 할 수 없기 때문에 우리 인간이 코끼리를 도와야 한다고 생각했습니다. 어쩌면 저와 크게 상관없는 일이 될 수도 있었지만, 이젠 코끼리에게 행복을 주는 것이 제가 태어난 이유이자 운명이라 생각해요."

차일러트 여사가 직접 찍은 티키리(70세) 사진

코끼리가 겪고 있는 잔인한 현실의 제공자도 인간이지만, 이를 알아봐주는 것 또한 인간일 수밖에 없다. 이곳 생태공원을 거니는 코끼리들의 사연을 듣고 잠시 말을 잃었던 해진 씨도 불현듯 기억을 더듬었다.

"저도 어릴 때 동네 서커스에서 코끼리를 봤던 기억이 나요. 사실 우리나라 시멘트 바닥도 코끼리가 밟고 살아갈 만한 환경은 아니었을 텐데, 그 코끼리들은 흙바닥을 밟을 기회가 얼마나 있었을까요. 이런 코끼리 쇼에서 재주부리는 모습도, 사실 조금만 생각해보면 야생동물이 절대 할 리가 없는 행동인데…… 그걸 몰랐던 게 너무 미안하더라고요."

그 이면의 진실을 알고 나면 결코 인간의 의지에 따라 움직이는 코끼리를 마냥 신기하고 즐겁게 바라볼 수가 없다. 저 코끼리도 어릴 때 어미와 강제로 떨어져 팔려왔을까, 쇠사슬에 발이 묶인 채 자신을 잊을 때까지 얻어맞았을까, 행여 사육사가 들고 있는 꼬챙이가 눈을 찌르진 않을까……. 코끼리 쇼를 보며 환호하는 관광객들 사이에서, 유일하게 해진 씨만은 웃음 짓지 못했다. 그것은 같은 공간에 있어도 홀로 다른 차원에 격리된 듯한 불편함이었다. 그림을 그리고 공을 차는 코끼리를 조마조마하게 바라보던 그는 결국 남몰래 눈물을 훔치고 말았다.

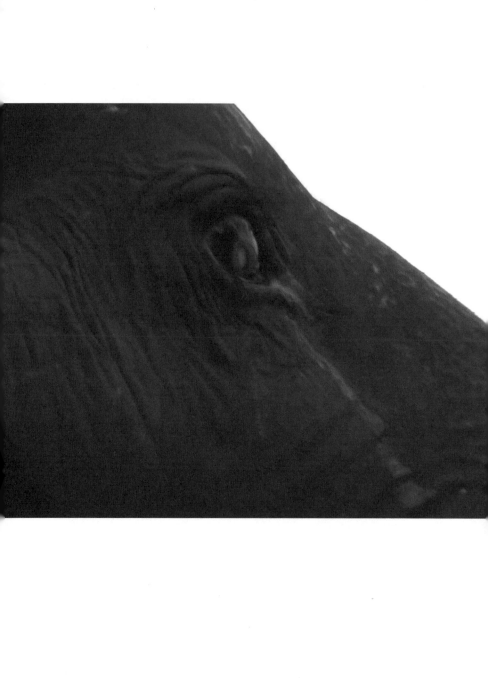

평생 잊을 수 없는
기억

이처럼 평생 학대에 노출되었다가 코끼리생태공원에 구조되어 온 코끼리들은 인간에 대한 트라우마를 가진다. 처음에는 누구에게랄 것도 없이 극도로 예민한 반응을 보인다. 차일러트 여사와 직원들, 봉사자들은 코끼리가 '이곳에 있는 사람들은 나를 괴롭히지 않는다.'는 것을 스스로 깨달을 때까지 기다린다. 매일 바나나와 간식을 주되 처음에는 억지로 다가가지 않는다. 코끼리가 조금씩 곁을 내어주기 시작하면 몸을 쓰다듬어 주고, 물가로 데려가 목욕하는 걸 지켜봐 주고, 사랑한다고도 말해준다. 마음을 여는 데에 3개월이면 빠른 편이고, 어떤 코끼리는 3년 이상도 걸린다.

7주 전에 구조된 '꾸이험'이라는 어린 코끼리는 별도의 우리에서 혼자 생활하고 있었다. 서커스장에서 어렵게 구조해왔지만 회복을 장담하지 못할 만큼 상황이 좋지 않았다. 10살로 추정되는 나이에 오랜 영양실조로 또래보다 발달 상태가 3년 정도 더뎠고, 헤르페스의 일종인 EHV바이러스에 감염돼 치료가 시급했다. 꾸이험은 7주간 차일러트 여사와 의료진에게 분리 치료를 받아 건강을 많이 되찾았지만, 아직도 갈 길이 멀다. 서커스장에서 외따로 생활하던 습성 탓에 사회성이 제대로 형성되지 못했기 때문이다. 그래서 꾸이험은 먹이를 먹다가도 우리 밖으로 다른 코끼리가 지나가면 황급히 숨기 바쁘다.

노을이 공원을 붉게 물들이는 저녁 6시 무렵이 되면, 꾸이험은 혼자 조심스럽게 우리를 나선다. 관리 직원을 따라 냇가에 가서 목욕을 하기 위해서다. 대부분의 코끼리들은 하루에 한 번, 가장 더운 대낮에 자유롭게 목욕을 즐긴다. 하지만 꾸이험은 다른 코끼리를 피하다 보니 조금은 선선해도 저녁 무렵을 택할 수밖에 없다. 코로 물을 뿜으며 홀로 즐거워하는 녀석을 지켜보는 마음이 영 편치 않았다. 인간의 학대에 길들여져 오히려 동족을 두려워하게 된 코끼리라니. 시간을 들여 사람과의 관계를 차차 회복하고 나면, 그 다음엔 이곳의 코

끼리들과도 가족으로 녹아드는 연습을 해야 한다. 그래야 꾸이험도 코끼리의 습성을 온전히 회복할 수 있다.

해진 씨는 직접 자전거에 바나나를 가득 싣고 공원을 누비며 코끼리에게 먹이를 나눠줬다. 코끼리들은 모두 따로따로 구조되어 왔지만, 이곳에서는 서로가 서로를 가족으로 받아들였다. 보다 친밀한 두세 마리씩 무리지어 다니고 영역도 구분되어 있다. 먹이를 싣고 가면 자신의 영역으로 먼저 오라며 '뿌우' 하고 소리를 질러

　　　　　　　　1장 밀렵과의 만남, 코끼리 죽이기

대는데, 철없는 아기 코끼리만 자전거 뒤를 쫓아오며 코로 바나나
를 집어먹는 모습은 웃음을 자아냈다. 처음에는 코끼리와 아무 장
벽 없이 한 공간에 있는 것 자체가 낯설고 어색했지만, 불과 반나
절 만에 그 또한 자연스러운 풍경이 됐다. 해진 씨도 어느새 자연
스럽게 코끼리를 만지고, 먹이로 장난도 치고, 대화를 건넸다. 코
끼리들도 때로는 뚱하게 때로는 장난스럽게 관심을 표하기 시작했
다. 말 그대로 가축이나 탈것이 아닌 '생명체'와의 교감이었다.

"그냥 지능이 높은 동물 정도로만 알고 있었는데, 수영하다가도 저편에 있는 친구에게 굳이 다가가 코로 인사하고 반가워하는 모습을 보니까 느낌이 색달랐어요. 아, 코끼리는 정말 감정을 갖고 교감한다는 걸 느꼈죠. 이런 동물이라면 강제로 새끼와 떼어놓을 때, 또 정신을 잃을 만큼 학대당할 때 얼마나 괴로울까…… 그런 것도 다시 생각하게 되더라고요."

코끼리들은 이곳에 와서야 그들이 원래 누려야 했던 일상을 되찾는다. 여기저기 팔려 다니며 쉴 틈 없이 일하다가, 작은 통나무 하나조차 나를 수 없는 노구가 되어서야 비로소 휴식을 허락받는다. 85살로 이곳에 온 눈먼 코끼리는 20여 명의 주인을 거친 후였다. 하지만 코끼리생태공원에서 노년을 마칠 수 있다면 그나마 그 코끼리는 행운아일지도 모른다. 아직도 태국 전역에서 2,500여 마리의 코끼리가 노역에 동원되다 죽어가고 있다.

"코끼리는 그러려고 태어난 존재가 아니에요. 코끼리답게 살 수 있다면 그것이 가장 행복할 거예요. 여기서는 코끼리들에게 자연의 일부로 행동하는 법을 가르쳐주려고 합니다. 붙잡혀 사는 코끼리에게는 자유가 없어요. 인간이 코끼리들의 존중, 존엄, 그리고 자유를 지켜줬으면 합니다."

　　어차피 죽음을 앞둔 늙고 병든 코끼리를 굳이 돌볼 필요가 있
느냐고 묻는 사람도 있다. 하지만 차일러트 여사는 생의 마지막 한
달만이라도, 코끼리들이 세상에 존재하는 사랑을 조금이나마 느끼
고 떠난다면 충분히 의미 있는 일이라고 말한다. 그러나 점진적이
고 꾸준한 패러다임의 변화 없이는 코끼리의 삶도 달라지기 어렵
다. 태국인들이 코끼리를 생계의 수단으로 활용하지 못하게 하려
면 경제적 보상과 대안 마련이 필요하다. 이는 단순히 NGO 차원
에서 해결할 수 있는 일이 아니다. 파잔에 대한 국제적 비난은 오
래전부터 존재해왔지만, 그럴수록 은밀하고 폐쇄적으로 진화할 뿐
행위 자체가 사라지지는 않았다. 먼저 이 익숙하지만 잔인한 문화

에 대한 성찰의 기회를 제공해야 한다.

"전통적인 교육이 바뀌어야 합니다. 우리가 무엇을 가르쳐야 하는
지, 생태계의 지속적인 보호를 위해 무엇에 집중해야 하는지 고민
해야 합니다. 인간과 함께하는 많은 종들이 멸종 위기에 처해 있
고, 이제 우리 인간들이 정신을 차릴 차례예요. 지금까지 코끼리
의 삶에 대한 교육은 관광 개발을 위한 유흥의 목적이었습니다.
이제 다음 세대에게 코끼리의 자연스러운 행동 습성을 알려줘야
합니다. 코끼리를 활용하는 방식을 아예 새로운 방향으로 바꾸고
싶습니다."

차일러트 여사는 코끼리생태공원에서 사람들과 코끼리가 공
생하는 방식이 지속 가능한 대안이 되길 희망하고 있다. 그 가능성
을 보여주고 있는 프로그램이 바로 '에코 투어(eco tour)'다. 태국
코끼리들은 태어나는 순간부터 인간의 손에 길들여진 상태라 이곳
에서의 생활에 적응해도 야생성을 완전히 회복할 수 없다. 더구나
공원 안에서는 먹이를 구하기 위한 대규모 이동이 불가능하기 때
문에, 어느 정도 사람의 손길에 의존할 수밖에 없다. 그러다 보니
이곳에서는 관리 직원과 자원봉사자, 방문 관광객들이 자연스럽게
코끼리와 어울리는 체험형 투어 프로그램을 운영할 수 있게 됐다.
관광객은 코끼리의 일상을 방해하지 않는 선에서 공원에 들어가

그들을 지켜보고 먹이도 줄 수 있다. 이는 동물원에 갇힌 코끼리를 멀찌감치 구경하는 것보다 훨씬 경이로운 체험이 된다.

서커스나 동물원보다 입장료는 비싸지만, 코끼리와 반나절을 보내기 위해 사람들은 기꺼이 이 비용을 지불한다. 이렇게 생긴 수입은 공원을 운영하고 코끼리의 먹이를 구입하는 비용으로 사용된다. 부족한 일손은 자원봉사자로 채운다. 장기여행 중인 젊은이나 코끼리에 관심 있는 생물학도는 한 달 이상 숙식을 제공받으며 코끼리와 교감하기도 한다. 이로써 모든 이가 이 동물의 천성과 본능에 대해 배운다. 서커스를 신기한 시선으로 소모하는 것과는 다른 이해와 공감을 체험하는 것이다. 그리고 그들은 자연스럽게 코끼리를 보호하려는 여론에 힘을 실어주게 된다. 코끼리와 인간의 관계에 새로운 선순환의 고리를 형성하는 셈이다.

코끼리를 보호하는 일도 결국 경제적 여건과 지원에 달렸다. 특히 아픈 코끼리를 치료하는 데 드는 비용은 만만치 않다. 최근에는 코로나바이러스감염증-19 사태로 태국 전체를 방문하는 관광객이 급감해, 코끼리생태공원 또한 운영상 위기 상황에 처했다. 차일러트 여사가 직접 나서 정부 지원을 호소할 만큼 상황은 심각하다. 그러나 전 인류의 생존을 걱정해야 할 팬데믹 상황에서 코끼리를 먼저 구하자는 목소리가 힘을 얻긴 쉽지 않은 실정이다.

현재 코끼리생태공원에 주어진 과제는 간단하다. 바로 운영의 지속 가능성. 이곳의 코끼리 중 70%는 재활치료가 시급하고, 학대

코끼리생태공원 코끼리와 교감하는 차일러트 여사와 유해진 배우

받는 코끼리 구조 요청만 하루에 10여 건에 이른다. 이들을 데려와 살려내기 위해서는 물적·인적 자원 투입의 안정성이 가장 절실하다. 그래서 차일러트 여사는 다시 한 번 우리에게 힘주어 묻는다.

"코끼리를 보고 눈물은 누구나 흘릴 수 있습니다. 하지만 땀을 흘려줄 사람은 누구입니까?"

1장 밀렵과의 만남, 코끼리 죽이기

코끼리의
얼굴 없는
죽음

아시아 코끼리와 인간의 관계를 '학대'라는 키워드로 정리할 수 있다면, 아프리카 코끼리의 경우는 '밀렵'이다. 아시아 코끼리와 달리 아프리카의 코끼리는 대부분 커다란 상아를 지니고 있다. 이 길고 아름다운 어금니를 노린 밀렵은 소일거리나 우발적 행동을 넘어서 음성적인 산업의 수준에 이른 지 오래다. 아프리카 전역에서 코끼리의 개체수가 무서운 속도로 줄어들다 못해 멸종 위기를 맞았을 정도로 말이다.

인간이 한 동물을 멸종으로 몰아가는 방법은 다양하며, 때로는 매우 직접적이다. 인간이 코끼리의 상아를 취한다는 사실을 많은 이가 알고 있고, 아프리카에 밀렵이 횡행한다는 뉴스도 한 번쯤

아프리카 초원에서 무리를 지어 다니는 코끼리들(위)
아프리카 코끼리의 상아(아래)

들어봤을 것이다. 하지만 그 구체적인 방법과 치명적 결과를 생생하게 대면하는 것은 차원이 다른 문제다. 이것은 인간이 욕심을 채우기 위해 얼마나 잔인해질 수 있는지, 인간 본성의 심연 속 자리한 잔인함과 마주하는 일이기 때문이다. 지금 아프리카의 코끼리에게는 대체 무슨 일이 일어나고 있는 것일까.

지상에서 가장 큰
상징적 동물

코끼리는 지구상에서 가장 큰 육상 포유동물이다. 바다를 포함하면 고래가 가장 크지만, 땅 위에서 걸어 다니는 동물 중에는 코끼리가 단연 1위다. 그리고 지구상에서 가장 많은 코끼리가 살고 있는 곳이 바로 아프리카 대륙 남단에 위치한 보츠와나(Botswana)다. 이곳에서 서식하는 코끼리는 약 13만 마리로, 아프리카 전체 개체수의 3분의 1에 달한다. 보츠와나에서 주로 볼 수 있는 코끼리들은 아프리카 사바나 종이다. (코끼리는 크게 세 종류로 나뉘는데, 나머지 두 종류는 콩고 지방에 서식하는 아프리카 숲 코끼리와 아시아 전역에서 볼 수 있는 아시아 코끼리다.) 이 종은 코끼리 중에서도 가장 큰 덩치와 최대 길이 2m에 육박하는 상아, 넓고 곧은 귓바퀴를 지녔다.

보츠와나에는 오카방고 델타(Okavango Delta)라고 불리는 세계에서 가장 큰 내륙 삼각주가 있다. 무려 20,200km²에 이르는 면적에, 약 6,000km²의 영구 습지와 7,000~12,000km²의 초원 지대가 있어 생태계의 보고로 불린다. 아프리카에서의 생존에 필수 요소인 물을 구하는 데 최상의 조건을 갖췄기 때문이다. 그리고 이곳에 사는 130여 종의 포유류 중 단연 최고의 존재감을 드러내는 건 코끼리다. 그들은 적게는 10여 마리부터 많게는 100여 마리까지 거대한 무리를 이루어 생활하고, 하루에 수십 킬로미터씩 풀과 물을 찾아 이동한다. 그러다 공격의 위협을 감지하면 코끼리들은 집단 방어를 위해 원을 만든다. 새끼를 뒤로 보내고 나이 많은 코끼리와 암컷이 바깥쪽으로 나선다. 이것이 코끼리가 무리를 보호하는 방식이다. 안전하게 살아가기 위한 그들의 노하우는 오랜 기간의 학습을 통해 후손에게 대물림된다. 타고난 본능에 의해, 또 역사가 만들어온 규칙에 의해 그들의 생존 가능성은 극대화된다.

이런 코끼리 무리를 만나려면 정오 무렵부터 물가 주변에서 기다려야 한다. 기온이 치솟는 오후 2시는 초식동물이 모여드는 시간인데, 코끼리 무리는 늘 가장 좋은 구역을 넓게 차지한다. 코끼리는 물을 마시고, 끼얹고, 때로는 물놀이도 즐기며 한참을 여유롭게 보내는데, 한 무리가 가면 또 다른 무리의 코끼리가 오는 식으로 랠리가 이어진다. 그러다 해가 뉘엿뉘엇 질 즈음이면 야행성인 사자가 잠에서 깬다. 백수의 왕도 눈을 뜨면 곧바로 목을 축이기 위해 물가를 찾지만, 코끼리 무리가 있는 쪽으로는 섣불리 다가가지 않는다.

오히려 코끼리들이 물을 다 마시고 떠날 때까지 하염없이 기다리는 사자의 모습을 볼 수 있었다. 간혹 사자들이 코끼리를 사냥하는 영상이 화제가 되곤 하지만, 이는 아주 드문 경우다. 무리에서 낙오한 코끼리가 아주 어리거나 부상당한 경우가 아니면 사자는 섣불리 코끼리를 공격하지 않는다. 그만큼 코끼리는 야생 생태계에서도 천적이 없는 동물이다. 오직 인간을 제외하고는. 국경없는코끼리회(Elephants Without Borders, EWB)의 설립자 마이크 체이스(Mike Chase) 박사는 그 생생한 현장을 우리에게 보여주었다.

얼굴 없는 사체

보츠와나와 잠비아(Zambia)의 국경지대에 위치한 카사네(Kasane)는 사파리 투어로 유명한 관광 도시다. 인근 초베국립공원에 사는 코끼리를 보기 위해 한 해에 수십만 명의 관광객이 이 작은 마을을 찾는다. 그만큼 코끼리가 많다는 뜻이다. 우리가 찾아간 국경없는코끼리회(EWB)의 메인 오피스도 이곳 카사네에 있었다.

배우 박신혜 씨는 오래 전부터 이 여정을 고대하고 있었다. 워낙 동물을 좋아하는 신혜 씨는 사자나 코끼리를 실제로 보고 싶은 마음에 덜컥 출연에 응했다며 웃었다. 기대와 우려를 안고 보츠와나에 도착하자, 넓은 야생의 평원이 우리를 맞이했다. 카사네 인근에는 정말 코끼리가 많았다. 공항에서 국경없는코끼리회(EWB) 사무실로 가는 도로 위에도 코끼리들은 아무렇지 않게 모습을 드러냈다. 신혜 씨는 길가건 국립공원이건 코끼리를 볼 때마다 탄성을 질렀다. 살아있는 거대 생명체를 코앞에서 마주하는 흥분. 그르렁대는 숨소리, 풀을 뜯고 물을 뿜는 긴 코의 놀림, 웅장한 무리의 행렬, 엄마 다리 사이에 숨어 물을 마시는 귀여운 새끼까지……. 보고 또 봐도 믿기지 않는 신비로움이 코끼리의 일거수일투족에서 뿜어져 나왔다. 바로 이 모습을 보기 위해 많은 여행객이 비행기를 몇 번씩이나 갈아타며 아프리카를 찾는 것이리라.

그러나 우리는 코끼리들이 처해 있는 또 다른 현실을 마주해야 했다. 체이스 박사가 대기시켜 놓은 헬기와 경비행기를 타고 사람이 살지 않는 평원을 한 시간 반 정도 날아가자 풀밭 한가운데에 임시 활주로가 나타났다. 여기서 다시 헬기를 갈아타고 또 한 시간을 날아가야 한다. 체이스 박사 팀은 한 달에 한 번씩 이 구역을 항공으로 감시한다고 했다. 코끼리 무리의 이동 경로를 파악하고 밀렵의 정황을 감시하기 위해서다.

그러던 중 그가 카메라 렌즈로 바깥을 살피기 시작했다. 저 멀리에 조그맣게 쓰러져 있는 동물의 사체가 시야에 들어오자, 분위기가 일순간에 얼어붙었다. 기장은 조금 떨어진 평평한 곳을 찾아 헬리콥터를 착륙시켰다. 프로펠러에 먼지가 폭풍처럼 일었다.

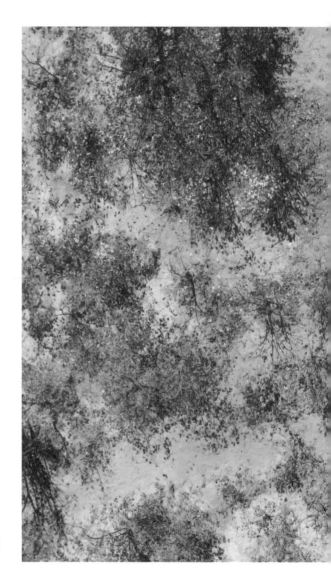

하늘에서 본 얼굴이 잘린
코끼리 사체

코끼리 사체로 다가가는 체이스 박사와 박신혜 배우(위)
건기에 말라 붙은 얼굴 없는 코끼리 사체(아래)

모두 내려 체이스 박사의 GPS 단말기를 따라 한 줄로 걷기 시작했다. 뭐가 나올지 모르는 긴장감에 아무도 쉽게 입을 열지 못했다. 거리가 가까워질수록 부패한 사체의 악취가 코를 찌르기 시작했다. 코끼리였다.

8월의 보츠와나는 겨울이다. 몇 달간 비가 한 방울도 오지 않는 건기가 계속된다. 그래서인지 죽은 코끼리 몸뚱이는 이미 바싹 말라 굵은 골격과 피부 껍질만 남아 있었다. 세 달 전쯤 죽은 것을 체이스 박사가 발견하고 위치를 표시해 둔 것이다. 그는 항공 감시 중에 사체가 발견되면 일일이 내려서 자연사인지 밀렵에 의한 죽음인지 확인한다. 그리고 이 코끼리는 한눈에 보아도 밀렵꾼의 소행이었다. 난생 처음 보는 사체의 크기와 악취에 잠시 멍해져 있던 신혜 씨를 체이스 박사가 손짓해 불렀다. 코끼리의 머리, 정확히는 머리가 있었던 자리를 가리키자 신혜 씨가 자신도 모르게 입을 가렸다. 머리가 온데간데없었다. 정수리에서 귀 바로 앞을 지나 턱까지 얼굴이 날카롭게 잘려나간 사체. 40살가량의 이 커다란 수컷 코끼리가 상아 때문에 목숨을 잃었다는 뜻이었다.

건기에는 코끼리들의 동선이 물줄기 주변으로 집중된다. 밀렵꾼들은 물가를 사전 탐색해 자신을 은폐하고 코끼리를 기다린다. 거대한 상아를 가진 수컷을 발견하면 일단 총을 쏴 부상을 입히고 차를 몰아 다른 무리를 잠시 쫓아낸다. 그리고는 총을 맞은 코끼리

저항하지 못하도록 척추가 끊긴 채 무참히 살해되는 코끼리(위),
밀렵당한 지 일주일도 안 된 코끼리의 사체(아래)

의 척추부터 전기톱으로 끊는다. 코끼리의 신경을 마비시켜 더 이상 움직이지 못하는 항거불능의 상태로 만드는 것이다. 이들은 코끼리에게 덜 고통스러운 죽음을 선사하는 자비 따위는 베풀지 않는다. 코끼리가 살아 있는 상태에서 전기톱으로 코끼리의 머리를 통째로 잘라내버린다. 이유는 간단하다. 상아를 조금이라도 길게 뿌리까지 꺼내기 위해서. 능숙한 밀렵꾼들은 불과 반나절이면 이 일을 마치고 사라진다.

상상만으로도 진저리가 쳐지는 야만적 수법이다. 밀렵꾼은 왜 이런 극단적인 도륙을 선택하는 것일까. 가급적 총을 사용하지 않는 이유는 총소리 때문에 인근의 레인저나 보호단체에게 발각될 위험을 최소화하기 위해서다. 그리고 그렇게 아낀 총알로 또 다른 코끼리를 쏘기 위해서이기도 하다. 총소리가 계속 울려 퍼지면 죽은 코끼리 주변을 맴돌던 가족 코끼리가 겁을 먹고 도망간다. 짧은 동선과 최소한의 격발로 가장 많은 코끼리를 죽이겠다는 탐욕이 이 비인도적인 사냥법을 고안해냈다.

신혜 씨에게 이 상황을 설명하는 체이스 박사의 목소리가 분노로 가늘게 떨렸다. 신혜 씨의 뺨 위로 두려움과 슬픔이 뒤엉킨 눈물이 하염없이 흘러내렸다. 모두가 아무 말도 꺼내지 못하고 상아가 있던 자리, 마땅히 '있어야 했던 자리'를 황망히 바라볼 뿐이었다. 하지만 그것으로 끝이 아니었다. 체이스 박사를 따라 200m 정도 더 들어가자, 그곳에 또 다른 얼굴 없는 사체가 누워 있었다. 부패한 정도와 밀렵 방식으로 볼 때, 이 코끼리도 같은 밀렵꾼에게 당한 게 분명했다.

하루하루 밀렵의 양상은 잔혹하게 진화하고 있다. 2018년 체이스 박사 팀은 한 코끼리 사체 주변에 무려 537마리의 독수리가 널브러져 있는 것을 발견했다. 초원의 청소부 역할을 하는 독수리 떼는 코끼리 피 냄새를 맡으면 그쪽으로 몰려든다. 이렇게 많은 독수리가 떠다니면 멀리서도 눈에 띄어 밀렵 위치를 발각당할 우려가 있다. 그래서 밀렵꾼은 코끼리 사체의 피부를 벗겨내고 그 안에 다량의 독을 풀어 넣는다. 이 고기를 먹은 루펠독수리와 흰등독수리 등이 한 번에 떼죽음을 당하고 만 것이다. 이들 역시 멸종위기종으로 분류된 새들이었다.

상아를 손에 넣으면 밀렵꾼들은 코끼리가 즉시 발견되지 않도록 사체 위에 나뭇가지를 덮어놓기도 한다. 덤불이 우거지는 계절에 죽은 코끼리는 공중에서 관찰이 힘든 경우가 많다. 때문에 이번처럼 건기로 인해 사체가 바싹 마른 뒤에야 발견되는 것이다. 특히 비가 오면 초원의 수풀이 울창해지기 때문에 밀렵꾼들이 자신의 몸을 숨기거나 사체를 감추기가 쉬워진다. 그래서 이들은 12월부터 시작해 우기가 끝나가는 5월경에 집중적으로 활동한다. 보츠와나는 한반도의 6배에 가까운 면적에, 초원의 비율이 80%에 달한다. 이 넓은 땅에서 주도면밀한 밀렵꾼을 추적해 현행범으로 검거하는 일은 현실적으로 쉽지 않다.

체이스 박사는 북부 보츠와나에서 이루어지는 이러한 밀렵의 양상을 크게 우려하고 있다. 몇 년 전까지만 해도 보츠와나는 밀렵으로부터 안전지대에 속했다. 국가의 주요한 관광자원인 코끼리를 정부 차원에서 강력하게 보호하고 있었기 때문이다. 국경의 개념을 몰라도 코끼리들은 보츠와나 영토가 안전하다는 것을 경험적으로 알았다. 인접 국가인 잠비아의 경우 이미 밀렵이 횡행해 나라 전체에 코끼리의 씨가 마른 상황이었다. 살아남은 코끼리들이 강하나를 사이에 둔 보츠와나로 건너오며 개체수는 더욱 증가하게 되었다. 그러자 잠비아의 대규모 밀렵 조직이 위험을 무릅쓰고 국경을 넘어오기 시작했다. 전문 밀렵꾼들은 약 20명이 팀을 이루어 점조직 형태로 움직인다. 이들은 북부 보츠와나 초원에서 일주일 이상 캠핑을 해가며 밀렵을 자행한다. 말 그대로 '원정 밀렵'이다.

체이스 박사 팀은 2018년 7월 실시한 현장 조사에서 33마리의 밀렵당한 코끼리 사체를 발견했다. 이중 24마리는 불과 며칠 사이에 동일한 팀에게 밀렵당한 것으로 추정됐다. 2014년 이 지역 $100,000km^2$에서 발생한 밀렵은 0건이었는데, 2018년엔 총 104건으로 폭증했다. 코끼리의 이동을 밀렵꾼이 따라온 셈이지만, 공권력도 속수무책이었다. 그들이 고향으로 안전하게 돌아가고 수개월 후에나 사체를 발견하는 일이 반복된 것이다.

밀렵꾼들의 주요 타깃은 큰 상아를 지닌 수컷 코끼리다. 코끼리의 수명은 약 70년 정도인데, 보통 35~45살 정도면 1m에 육박

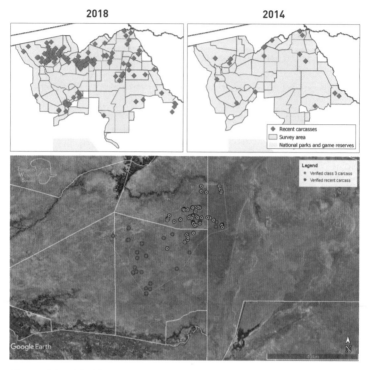

북부 보츠와나 코끼리 사체 증가 현황: 2014년 총 18구 중 밀렵 0건, 2018년 총 133구 중 밀렵 104건(위)
카사네 인근 100㎢의 코끼리 사체 현황 ⓒ2018 Botswana Report by EWB(아래)

하는 큰 상아를 가지게 된다. 보다 심각한 문제는 이런 수컷 코끼리의 씨가 마르면 이제 상아가 작은 암컷 코끼리도 그들의 타깃이될 수 있다는 점이다. 수컷 한 마리에 준하는 상아 무게를 얻기 위해서 밀렵꾼들은 서너 마리의 암컷 코끼리를 죽일 것이다. 그리고 암컷이 줄어들면 출산율도 낮아져 코끼리 개체수가 더 빠르게 감

1장 밀렵과의 만남, 코끼리 죽이기

소하는 악순환에 빠질 수밖에 없다. 아직 보츠와나에서의 밀렵은 그 단계까지 접어들지 않았으나, 잠비아나 나미비아 등에서는 이미 순차적으로 발생한 일이다.

국경없는코끼리회의 2014년 조사에 따르면, 지난 7년간 아프리카 전역에서 17만 7천 마리의 코끼리가 목숨을 잃었다. 역시 가장 큰 원인은 상아를 얻기 위한 밀렵이었다. 그러자 상아 최대 수입국인 중국은 2017년부터 상아 유통과 제품 가공을 전면 금지하는 등 밀렵을 막기 위한 조치를 취했다. 그러나 수요가 줄지 않은 상황에서 거래가 불법화되자, 그 희소성 때문에 오히려 상아 가격이 치솟는 부작용이 발생했다. 국제 암시장에서 거래되는 상아 가격은 kg당 2,000달러로, 가격이 오르자 밀렵도 다시 증가하는 추세다. (더구나 홍콩, 베트남 등 상당수 아시아 시장에서는 여전히 상아 공예품 거래가 합법이다.)

코끼리 상아는 일부 약재로 이용되기도 하지만, 대부분의 경우 오로지 장식품으로 사용된다. 상아 세공은 불교 미술의 주요한 영역으로 여전히 그 가치를 인정받고 있다. 하지만 집안을 장식하기 위해, 부처님을 기리기 위해 상아 공예품을 구매하는 사람들 중 대부분은 이 상아의 출처에 대해 깊게 생각해 보지 않는다. 상아를 충치 뽑듯 조심히 떼어내거나, 죽은 코끼리에게서 주워왔을 거라고 막연하게 믿고 있는지도 모른다. 아니, 불편한 진실과 대면하지 않기 위해 그렇게 믿고 싶은 것일지도 모른다.

밀렵으로 수집된 상아탑 (왼쪽), 종교적 공예품에 사용되는 상아 (오른쪽)

코끼리의 사체를 직접 목격한 뒤 카사네로 돌아오는 헬기 안에는 무거운 침묵이 감돌았다. 코끼리의 죽음을 막연히 알고 있는 것과 직접 눈으로 보고 냄새 맡으며 체감하는 것은 전혀 다른 일이었다. 그 잔인한 죽음의 방식을 직접 대면한 탓인지, 다음 날 신혜 씨는 하루를 꼬박 앓았어야만 했다.

"처음 밀렵에 대한 이야기를 들었을 때는 총을 쏴서 죽인 이후에 상아를 뽑아가는 거라고 막연하게 생각을 했어요. 그런데 와서 직접 보고, 이렇게까지 잔인한 방법으로 죽인다는 걸 알고 나니 충격이 더 컸죠. 내가 어제 살아 있는 코끼리들을 웃으면서 봤던 것조차도 너무 미안해지는 거예요."

1장 밀렵과의 만남, 코끼리 죽이기

부처님은 고치를 찢고나온 누에로 명주실을 뽑는 것도 간접 살생이라며 비단 가사를 입는 걸 금하셨다. 그러나 아이러니하게도 인간은 살생을 가장 큰 죄악으로 여겼던 분의 모습을 코끼리의 목숨과 맞바꿔 얻은 상아에 고이 새기고 있다.

코끼리는 인간의 행동을 기억한다

코끼리 사체를 보기 바로 전날, 신혜 씨는 국경없는코끼리회에서 구조해 보호하고 있는 어린 코끼리들을 만났다. 두 살에서 세 살박이인 세 마리의 이름은 멀레로, 판다, 툴리였다. 녀석들이 야생에서 어미와 함께 살지 못하고 이곳까지 온 데에는 각각의 사연이 있었다. 멀레로는 불이 난 숲속에 새끼 코끼리가 홀로 죽게 생겼다는 제보를 받고 구조해 왔다. 보츠와나어로 '불'을 뜻하는 '멀레로(Molelo)'라는 이름을 지어준 이유도 그 때문이다. 멀레로는 발바닥과 몸 전체에 극심한 화상을 입었으나 지금은 치료를 받고 완치되었다. 판다는 8개월 차에 밀렵꾼을 피해 도망치던 중 무리에서 낙오해 한 농장 주변을 배회하다 이곳으로 보내졌다. 가장 막내인 툴리는 태어난 지 한 달밖에 안 되었을 때 주민들과 야생동물의 갈등으로 어미 코끼리가 죽어 홀로 구조됐다고 한다.

코끼리는 가족에 대한 유대감이 깊은 동물이다. 코끼리 무리는 가족 중 하나가 죽으면 그 사체 앞에 모여들어 쉽사리 발길을 떼지 못한다. 얼굴이 잘려 죽은 아빠 코끼리에게 코를 부비며 깨우려 안간힘을 쓰는 아기 코끼리의 모습은 사람의 행동과 진배없는 감정을 전가한다. 그래도 반응이 없으면 코끼리들은 식어가는 사체 앞에서 코를 추켜올리고 마치 애도하듯 울부짖는다. 마지막 작별 인사라도 고하는 것처럼 말이다. 직접 목격한 가족의 죽음은 코끼리에게 큰 충격으로 각인된다. 코끼리는 인간이 자신에게 한 짓을 평생토록 기억한다.

보츠와나의 밀렵이 증가하면서 눈앞에서 부모를 잃은 고아 코끼리도 점점 늘어나고 있다. 사실 이들을 돌보는 것은 국경없는코끼리회에게도 가장 어려운 일 중 하나다. 이들을 담당하는 관리사들은 24시간을 밀착해 관심과 애정을 쏟아줘야 한다. 어미 코끼리의 죽음을 직접 목격하거나 무리에서 버려진 트라우마가 아기 코끼리들의 뇌리에 강하게 박혀 있기 때문이다. 자연히 그 아이들이 보호소의 낯선 환경에 적응하고 심리적 안정을 찾는 데에는 꽤 오랜 시간이 걸린다. 인간에 대한 경계심도 쉽사리 풀리지 않는다. 주변을 지나다니는 야생 코끼리와 마주치는 일도 조심해야 한다. 수컷 코끼리는 혼자 있는 새끼들에게 공격적인 성향을 드러내는 경우가 많기 때문이다.

만약 이런 새끼들이 구조되지 않고 홀로 야생에 남겨지면 사

분유를 받아먹는 아기 코끼리(위)
구조된 아기 코끼리와 국경없는코끼리회 봉사자들(아래)

자나 하이에나의 먹이가 될 가능성이 높다. 그래서 이곳으로 구조된 코끼리들 중 대부분이 10살쯤의 청소년 시기가 되어서야 야생으로 방사된다. 한참 어미젖을 먹을 시기에 고아가 되어 극심한 영양실조를 겪은 녀석들이라, 하루에 4번씩 분유를 주는 것이 일상이다. 그러나 이외에 인위적으로 돌봐주는 행위는 최소화한다. 새끼 코끼리는 먹이가 될 풀과 나무를 찾아내고, 진흙 목욕으로 피부를 보호하고, 다른 코끼리들과 형제처럼 관계 맺는 법을 스스로 터득해야 한다. 관리사들은 늘 이들을 따라다니며 위험 상황을 점검하고 정서적으로 교감하지만, 이들에게 모든 걸 떠먹여 주진 않는다. 그래야 사람 손에 가축처럼 길들여지지 않고 야생성을 보존할 수 있기 때문이다. 그렇게 잘 성장하면 방사 1년여 전부터 차츰 보호구역을 벗어나 야생 코끼리와 접촉하는 빈도를 늘려간다. 그러다 보면 자연스럽게 야생의 무리에 합류해 이곳을 떠날 수 있다.

신혜 씨는 멀레로, 판다, 툴리에게 분유를 먹이고 함께 산책도 하며 아기 코끼리들의 매력에 푹 빠졌다. 몸무게 500kg의 아기들은 이제 인간이 자신을 해치지 않는다는 것을 아는지 더는 겁내는 기색이 없었다. 특히 호기심이 많은 막내 툴리는 카메라를 코로 빼앗고, 갑자기 달려와 놀래키고, 겨드랑이 냄새를 맡으며 사람들을 구분하려 애쓰는 모습이 사랑스러웠다.

코끼리와 스스럼없이 교감하는 시간을 즐기는 것도 잠시, 다음 날 밀렵 현장을 보고 난 신혜 씨는 근심을 감추지 못했다.

1장 밀렵과의 만남, 코끼리 죽이기

"한 살 더 많은 멀레로랑 판다는 벌써 조그맣게 상아가 나기 시작했더라고요. 언제까지 이 보호소에서만 살 수는 없고 때가 되면 야생으로 돌려보내야겠지만……. 그때쯤 되면 상아도 많이 자라 있을 거고 그러면 또 밀렵꾼의 눈에 띌 수 있잖아요. 그걸 생각하면 벌써부터 너무 겁이 나요. 이 상아가 아이들에게 죽음을 가져올까 봐……."

실제로 이곳에 오니 코끼리의 삶에 드리운 인간이란 그림자가 더욱 또렷하게 보였다. 국립공원에서는 한없이 평화로워 보였던 코끼리들이지만 한 걸음 더 들어가면 얼굴 없는 사체들이 쌓여가는 냉혹한 현실이 존재한다. 신혜 씨는 자신이 확인한 인간의 잔인함이 아기 코끼리에게 닥칠 미래가 될까 봐 가슴이 먹먹해졌다.

"인간의 본성에 대한 분노와 경멸 같은 부정적인 생각이 많이 들었어요. 단순히 장식을 위해, 혹은 그냥 돈을 벌기 위해 이 거대하고 아름다운 동물들을 저렇게 잔인하게 죽인다니. 사람이 두려웠어요. 이 분노를 어떻게 표현해야 될지 모르겠어요. 동물들한테 너무 미안해서 그냥 자꾸 눈물만 나왔던 것 같아요."

코끼리의
옷깃,
컬러링

국경없는코끼리회(EWB)는 2011년, 코끼리의 생태를 보호할 목적으로 설립되었다. 마이크 체이스 박사는 미국 메사추세츠 대학교에서 생태학 박사 학위를 받은 뒤, 자신의 부인 켈리와 함께 보츠와나 카사네에 베이스캠프를 꾸렸다. 아프리카 코끼리의 30% 이상이 서식하는 이 지역은 코끼리를 연구하고 보존하는 활동에 가장 이상적인 장소였다. 더불어 보츠와나는 체이스 박사의 고향이기도 하다.

그는 코끼리 개체수가 지금보다 많았던 10여 년 전부터 인간과 코끼리의 공존 방식을 모색해 왔다. 우리는 대규모로 이루어지는 밀렵으로부터 코끼리를 지켜낼 수 있을까? 나아가 제한된 식수와 영토를 공유해야 하는 인간과 코끼리는 어떻게 서로를 존중할 수 있을까? 국경없는코끼리회는 코끼리와 인간의 관계 변화에 주목하며 그 해답을 계속해서 찾고 있다.

코끼리와의 연결고리, 컬러링(Collaring)

최근 체이스 박사가 가장 주력하는 업무는 상아가 커서 밀렵당하기 쉬운 대형 코끼리를 사전 관리하는 일이다. 밀렵의 대상이 되는 코끼리에게 실시간 위치 추적 장치인 컬러를 달아주고, 이를 통해 위성에서 GPS 정보를 얻는다. '컬러(collar)'는 영어로 '소매, 깃'을 뜻하는데, '컬러링'은 옷에 깃을 달 듯 위치 추적 장치를 동물에게 부착한다는 의미로 통용된다. 이 기술이 비단 코끼리에게만 쓰이는 것은 아니지만, 코끼리처럼 무리를 이루어 생활하는 동물에게는 보다 효과적이다. 한 마리에게만 컬러링을 해도 그 무리 전체의 동선과 위치를 파악할 수 있기 때문이다. 과학기술의 발달이 베일에 싸여 있던 코끼리 이동 경로의 비밀을 풀어준 셈이다.

더 중요한 사실은 컬러링을 통해 국경없는코끼리회와 보호대상 코끼리 사이에 직접적인 연결고리가 생겼다는 점이다. 컬러는 특정 코끼리의 정확한 위치를 실시간으로 전송해주기 때문에 생존 여부를 수시로 확인할 수 있다. 1시간에 한 번씩 신호를 전송하도록 세팅해 놓고 모니터링하는 상황을 가정해보자. 코끼리의 이동 속도가 비정상적으로 빠르면 밀렵꾼에게 쫓기는 것으로 의심해 군경에 신고한다. 반면 몇 시간째 코끼리의 움직임이 한 곳에 고정되어 있으면 사망이나 사고로 추정해 확인차 출동할 수 있다. (국경없는코끼리회는 공식적으로 학술 NGO이기 때문에 사법권이 없어서, 밀렵꾼을 직접 체포하거나 단속할 수 없다.) 특정 지역에서 코끼리의 움직임이 둔해지거나 한 스팟을 반복해서 찾으면, 풀이나 먹을거리가 풍부하다고 해석할 수도 있다. 이 방대한 영역에서 코끼리의 생존 여부를 일일이 확인할 수 있다면, 그 자체가 희망인 것이다.

'휴머니멀' 촬영을 나선 2019년은 보츠와나에 50년 만의 대가뭄이 닥친 해였다. 물이 마를 일 없다는 오카방고 델타의 습지도 80%가 사라져 갈라진 바닥을 드러낼 정도였다. 극심한 가뭄으로 물을 구하기 힘들어지자 코끼리들의 이동 경로가 극단적으로 길어지기 시작했다. 코끼리를 비롯한 초식동물은 물을 찾아 계속 이동하고, 이들을 잡아먹는 육식동물도 그들을 따라서 이동한다. 하지만 오랜 기간 학습해 기억하고 있는 기존의 이동 경로는 사실상 사라져버린 상황이다. 물길의 흔적을 따라 수십 킬로미터씩 이동하다 보면, 코끼리 무리는 자연스럽게 인근 앙골라나 잠비아, 짐바브웨 등을 넘나들게 된다.

그러다 다시 우기가 찾아왔을 때 이들이 기존의 생활 반경으

코끼리 컬러링에 사용되는 컬러. 가운데 볼록한 부분이 GPS다.

로 돌아오는지를 보는 것이 중요하다. 낯선 지역에서는 인간 커뮤니티와의 갈등에 노출될 가능성이 훨씬 높아지기 때문이다. 갑자기 나타나지 않던 코끼리 떼가 나타나면 주민들이 공포에 질리고, 허기진 코끼리는 농작물이나 마을을 파괴할 가능성이 크다. 이런 유형의 인간과 동물 간의 갈등은 아프리카 전역의 심각한 사회적 현안이기도 하다. 코끼리에 대한 사람들의 적개심이 커지면, 자연히 밀렵꾼의 표적이 될 위험도 증가한다. 컬러링 정보를 바탕으로 안전한 이동 경로 데이터를 축적하는 것이 당면 과제인 이유다.

코끼리 목에 목걸이처럼 둘러 사용하는 컬러는 하나당 5,000달러 정도의 고가에 배터리 유효기간이 3년 남짓이다. 코끼리를 찾아 컬러를 부착하는 데 필요한 부가장비들까지 생각하면 적잖은

1장 밀렵과의 만남, 코끼리 죽이기

비용이지만, 거기서 얻는 정보의 값어치는 그 이상이다. 어쩌면 컬러링은 남은 코끼리들을 지키기 위해 우리가 활용할 수 있는 마지막 수단일지도 모른다.

체이스 박사 팀은 신혜 씨를 데리고 코끼리 컬러링에 나섰다. 카사네에서 차로 두 시간을 달려 도착한 곳은 짐바브웨의 황게 국립공원과 가까운 국경 지대였다. 이곳은 30~40마리가 넘는 대규모 무리가 자주 지나다니는 길목인데, 나무가 많지 않은 평지라 코끼리에 접근하기가 용이했다. 체이스 박사와 신혜 씨, 수의사, 국경없는 코끼리회 직원들까지 총 10여 명이 두 대의 랜드크루저에 나눠타고 탐색을 시작했다. 역시나 물가에서 큰 규모의 무리와 만날 수 있었다. 거대한 상아를 가진 수컷 코끼리도 다수가 포함된 그룹이었다.

수의사 래리가 탄 앞차가 먼저 출발해 마취총을 쏠 수 있는 적당한 장소를 확보했다. 차 두 대가 무리 사이로 들어가면 가뜩이나 코끼리들이 긴장하는데, 총소리까지 들리면 무리 전체가 동요할 수 있다. 그래서 약간 높은 언덕에서 시야를 확보한 뒤 무리에서 조금 떨어져 있는 수컷을 골라야 한다. 래리가 조심스레 마취 주사약을 주입한 바늘을 라이플 장총에 장전했다. 코끼리에게 총을 쏘는 행위는 엄격히 금지되어 있어, 의료 목적의 마취총도 수의사 자격증을 가진 사람만 다룰 수 있다. 그는 총을 거치한 자세로 살금살금 걸어가 사정거리에 코끼리가 들어오길 기다렸다. 체이스 박사도 신혜 씨도 모두 차에서 내리지 않고 최대한 몸을 숨겨 대기했다. 마취총을 맞은 코끼리를 차로 쫓아가야 하기 때문이다. 코끼리는 마취총을 맞고도 길게는 한 시간까지 버틴다. 행여 쓰러지는 순간 물에 빠지거나 경사에서 구르면 코끼리의 생명이 위험할 수 있다. 그래서 코끼리가 위험한 지역으로 접근하려 하면 앞서서 다른 방향으로 몰아줘야 한다.

때마침 젊은 수컷 한 마리가 무리에서 떨어져 나와 사정권에 접근했다. 30살 정도 돼 보이는 제법 큰 덩치였다. 차가 세워져 있는 걸 보고도 개의치 않고 다가올 정도면 겁이 없고 활동량도 많을 터라 컬러링에 안성맞춤이었다. 녀석이 10여 미터 안쪽으로 들어오자 래리는 조용히 총을 들어 올리며 숨을 깊게 들이마셨다. 신혜 씨가 급하게 귀를 막았다. 날카로운 격발음이 울려 퍼졌다. 다행히 다른 코끼리들의 동요는 거의 없었다. 녀석의 왼쪽 엉덩이에 명중한 마취침이 보였다. 차 두 대로 호위하듯 뒤에서 쫓아가며 상태를 지켜봤다. 마취약을 너무 많이 쓰면 심장에 무리를 주어 코끼리가 위험하고, 너무 적게 쓰면 컬러링 도중 깨어날 수 있어 사람이 위험하다. 마취가 잘 되면 코끼리를 대략 30분 정도 재울 수 있다. 그 안에 모든 작업을 마쳐야 한다.

나른한 느낌이 짜증나는 듯 코끼리가 물가 주변을 뱅뱅 돌았다. 점점 녀석의 눈이 게슴츠레해지는가 싶더니 '쿵!' 하는 소리와 함께 엉덩방아를 찧고 옆으로 넘어가 버렸다. 체이스 박사가 차에서 날듯이 뛰어내려 코끼리에게 달려갔다. 호흡을 유지하기 위해

컬러링 작업에 나선 체이스 박사와 박신혜 배우

먼저 코를 일직선으로 펴고 나뭇가지로 콧구멍을 벌려 놓아 기도를 확보했다. 다행히도 그르렁대는 숨소리가 안정적이었다. 신혜 씨와 동료들이 차 뒷자리에서 컬러를 들고 나왔다. 커다란 시계처럼 생긴 컬러는 목줄 가운데에 불룩하게 GPS 수신 장치가 달려 있다. 이 수신 장치가 항상 수직으로 하늘 쪽을 향해야하기 때문에, 반대편에 무게 15kg 정도의 무거운 추를 달아 고정시킨다. 엄청난 무게처럼 느껴지지만 코끼리에게는 인간이 헤드폰을 목에 건 정도의 느낌이라고 한다.

직접 컬러의 나사를 돌리는 신혜 씨의 손이 긴장감으로 덜덜 떨렸다. 코끼리가 젊어 조금 더 몸집이 커질 가능성이 있으므로 목둘레에 어느 정도 여유 공간을 둬야 한다. 4개의 커다란 나사를 꽉 조이고 나자, 체이스 박사가 신혜 씨에게 찬물을 가져오라고 했다. 마취된 상태에서 지열 때문에 순간적으로 체온이 올라가면, 코끼리는 의식을 잃고 생명이 위험해질 수 있다. 그래서 혈관이 몰려 있는 귀부터 찬물을 계속 뿌려 몸을 식혀줘야 한다. 일행을 경계하듯 지켜보는 코끼리 떼를 의식할 틈도 없었다. 신혜 씨는 다급히 페트병 생수를 날라 연거푸 코끼리의 몸 위로 끼얹었다. 햇살을 가리기 위해 얼굴 앞쪽으로 밀어놓은 커다란 귓바퀴를 따라 물방울이 뚝뚝 떨어졌다.

얼굴 없는 코끼리의 참혹한 죽음을 목격하고, 고아가 된 아기 코끼리를 돌봐준 직후라서 더 그랬을까. 신혜 씨는 작업 내내 어느 때보다 진지한 모습이었다. 이 컬러가 그런 비극을 막아주길 바라는 간절함이 표정과 손끝에서 묻어났다. 그렇게 무사히 컬러를 달고 주변을 정리하고 나자 약 15분 정도가 지나 있었다. 모두 차에 타서 조금 거리를 두고 녀석이 깨어나길 기다렸다. 체이스 박사의 표정에도 긴장감이 역력했다. 오랜 가뭄으로 코끼리의 컨디션이 정상이 아닐 경우 마취 후유증이 있을 수도 있다. 10분쯤 시간이 흘렀을까. 코끼리가 뒤척이더니 천천히 몸을 일으켜 세웠다. 처음에는 이물감에 컬러를 계속 코로 만져보더니, 갈증이 났는지 이내 정신을 차리고 물가로 향했다. 다행히 녀석은 금방 무리와 합류해 물놀이를 이어갔다. 체이스 박사와 신혜 씨의 표정에 뿌듯함과 안도감이 스쳤다. 이제 녀석은 앞으로 3년간 국경없는코끼리회의 원격 보호를 받으며 소중한 데이터를 실시간으로 제공하게 될 것이다.

　그러나 컬러링이 코끼리의 안전을 100% 보장하는 것은 아니다. 지금까지 국경없는코끼리회가 컬러링한 코끼리는 총 186마리에 달하지만, 안타깝게도 이들 중 6마리는 밀렵꾼에게 죽임을 당했다. 점점 과감해지는 밀렵꾼들은 위험을 감수하고 컬러를 목에 건 코끼리까지도 공격한다. 체이스 박사는 자신이 직접 컬러를 달고 이름도 붙여줬던 이 6마리를 떠올리자 굵은 눈물을 쏟아냈다. 회한과 자책, 무력감이 뒤섞인 복잡한 감정이었다.

　"때론 자괴감이 듭니다. 사실 저는 코끼리 개체수 조사를 하면서

컬러링을 마치고 마취에서 깨어나 물가로 향하는 '툴루펠로(희망)'

아프리카 각국에서 자행되는 코끼리 밀렵을 지켜봐 왔습니다. 그리고 최근 보츠와나에서 저희의 활동이 한계를 드러낸 것에 책임감을 느껴요. 제가 코끼리를 보호하고 돌보는 상황에서도 밀렵이 벌어지면…… 맞아요, 내가 코끼리들을 실망시키고 있는 건 아닌지 미안한 마음뿐입니다."

신혜 씨가 한국으로 떠나기 전날, 체이스 박사는 그녀에게 며칠 전 함께 컬러링을 한 코끼리의 위성 신호를 보여주었다. 녀석은 벌써 약 50km 떨어진 초원으로 훌쩍 이동해 있었다. 자신이 컬러링한 코끼리의 이름은 직접 짓는 게 전통이라며, 체이스 박사는 신혜 씨에게 작명을 부탁했다. 그녀는 코끼리에게 '희망'이라는 이름을 붙여주었다. 보츠와나어로 희망은 '툴루펠로(Tsholofelo)'다. 툴루펠로가 끝까지 잘 살아남아, 멸종을 막는 희망의 상징이 되길 바라는 마음을 담았으리라. (2020년 4월 현재, 툴루펠로는 건강하게 우기를 보내고 여전히 또렷한 GPS 신호를 보내주고 있다.)

"제가 이 일을 계속하는 건 이 거대한 동물을 너무나 사랑하기 때문이죠. 코끼리는 세계에서 가장 경이롭고 카리스마 넘치는 거대 동물입니다. 인간이 생태계를 보호하지 않는다면 지구상에 더 이상의 희망이 있을까요? 우린 아프리카 코끼리들을 지켜야 하고, 전 분명히 그게 가능하다고 믿습니다."

밀렵당한 코끼리 이야기를 하며 눈물 짓는 체이스 박사

인간과 코끼리의
공존을 위해

코끼리는 생태적, 경제적 측면에서 우리에게 매우 중요한 존재다. 이 거대한 초식동물은 아프리카의 식생을 유지하는 생태계 엔지니어 역할을 한다. 그들이 머무는 지역은 그 압도적인 식사량 때문에 수풀이 초토화되어 토양의 사막화와 객토를 반복하는 효과를 누린다. 그 상태로 우기를 지나면 초원은 보다 싱싱한 목초지로 다시 태어난다. 이들은 먹이를 찾아 연평균 5,500km 이상을 이동하기 때문에 아프리카의 대지는 순차적으로 그 세례를 받는다. 그렇기 때문에 코끼리 개체수에 급격한 변화가 생기면 아프리카의 환경 불안정성이 증가할 수밖에 없다. 그리고 이는 아프리카 사람들의 삶에 직접적인 타격을 줄 수 있다.

경제적 측면에서도 밀렵으로 얻는 이익보다 코끼리의 관광 유치 효과가 훨씬 크다는 평가가 이어지고 있다. 한 연구에 의하면, '포토그래픽 투어리즘' 산업으로 코끼리 한 마리가 창출할 수 있는 경제 소득이 16,000달러에 이른다고 한다. 보츠와나의 코끼리가 13만 마리 정도라면, 그 효과 총액은 20억 8,000만 달러에 달한다. 보츠와나의 양대 자원이 코끼리와 다이아몬드라는 말이 나오는 이유이기도 하다.

그럼에도 최근 들어 코끼리의 멸종은 급속히 앞당겨지고 있다. 2007년 49만 마리이던 지구상의 코끼리는 불과 7년 만에 35만 마리로 30% 급감했다. 가장 직접적인 원인은 불법 상아 밀렵이지만, 인간과 동물 간 갈등에 의한 코끼리 살해 건수도 가파르게 증가하고 있다. 인간의 존재 자체가 코끼리의 생존에 위험 요소가 되어버린 상황이다. 식량, 물, 영토 등 필수 자원은 한정되어 있는데, 경쟁자인 인간들은 양적 팽창을 멈추지 않고 있다. 2050년까지 아프리카 인구는 지금의 두 배로 늘어날 전망이고, 코끼리의 영역을 잠식하는 속도도 드라마틱하게 빨라지는 추세다.

함께 모여 죽은 가족을 추모하는 코끼리 무리

"확신하건대 보츠와나 사람들은 코끼리가 없는 나라에서 절대 살
고 싶어 하지 않을 겁니다. 절대로요. 이 문제의 해결책은 인간과
코끼리가 조화를 이뤄 살아가는 길을 찾는 데에 있습니다."

그래서 체이스 박사와 국경없는코끼리회는 인간과 코끼리가

1장 밀렵과의 만남, 코끼리 죽이기

밀렵으로 죽은 아빠 코끼리 사체 곁을 떠나지 못하는 새끼 코끼리

충돌을 최소화하고 공존할 수 있는 실천적 대안을 모색하고 있다. 그중 대표적인 사례는 카사네 인근 주민들에게 전기담장을 무료로 설치해주는 캠페인이다.

카사네 시내는 강가에 인접해 있어 오후가 되면 코끼리들이 마을을 통과해 물을 마시러 간다. 이 과정에서 주민들의 집이나 경작해놓은 밭, 농산물을 파괴하는 경우가 많다. 우리나라의 경우로 치자면 가끔씩 도시에 출몰해 메인뉴스를 장식하는 멧돼지 같은 존재라고 볼 수 있다. 그러다 보니 코끼리에 대한 아프리카인들의 시선이 고울 수만은 없다. 며칠 머물며 코끼리를 보고 즐기는 여행객과 달리, 이들에게 코끼리는 생활 여건의 일부이며 때로는 커다란 장애물이다. 그래서 보츠와나의 정당들은 선거철마다 코끼리 개체수를 인위적으로 줄이자는 공약을 쏟아내곤 한다. 코끼리에 대한 일부 유권자들의 적개심을 공략하기 위해서다. 심지어 보츠와나 정부는 엄격히 금지돼 있었던 코끼리 포획을 2019년 9월부터 제한적으로 허용하기로 결정했다.

국경없는코끼리회의 대안팀은 원하는 주민들의 집과 경작지, 학교나 창고 등 공공시설에 무료로 전기 담장을 설치해주고 있다. 특수 제작된 호주산 전깃줄을 3단으로 연결해 두르는 간단한 작업이다. 사람이 만지면 따끔한 정도의 출력이라 위험하지도 않고, 태양열 충전이라 유지비도 들지 않는다. 해가 질 때 전원을 켜 놓으면, 코끼리가 전자기파의 주파수를 감지하여 근처로 접근하지 않는다. 설치 초반에는 코끼리들의 동선이 꼬일 수 있다. 그러나 며칠만 대안팀 관계자들이 코끼리를 유도해 경로를 학습시키면, 다음부터는 코끼리들도 알아서 그 길로만 다니게 된다. 한 공간을 점유한 인간과 그곳을 지나다니는 코끼리가 충돌 없이 공존할 가능성이 열리는 셈이다.

이를 위해서는 결국 코끼리와 함께 살아가는 사람들의 인식이 무엇보다 중요하다. 지역사회와 학교에서의 교육이 병행되어, 코끼리가 아프리카에 왜 필요한지를 주민들에게 일깨워줘야 한다. 이런 변화 없이는 밀렵도, 인간과 동물 간 갈등도 줄여나가기 어렵다.

아프리카를 넘어 지구라는 별의 대자연을 상징하는 동물 코끼리. 우리 인간은 이 크고 매력적인 동물을 지켜낼 수 있을까? 보츠와나의 국경없는코끼리회와 치앙마이의 코끼리생태공원에서 코끼리의 삶을 지켜본 박신혜, 유해진 배우는 그럼에도 분명 희망을 보았다고 말한다.

"동물에게 해를 입히는 사람들도 있지만, 또 혼신을 다해서 지키려는 분들이 있기 때문에 희망은 있다고 봐요. 그나마 다행이죠. 그런데 2050년쯤 되면 아시아의 코끼리가 멸종할 것 같다는 얘기를 하시더라고요. 그렇게 되지 않으려면 그분들에게만 의지할 게 아니라, 모두가 같이 노력해 희망을 찾아야 하지 않을까 싶습니다."

코끼리가 없는 일상으로 돌아오면, 지구 반대편에서 본 코끼리의 죽음을 잠시 잊게 될 수도 있다. 당장 눈 앞에 놓인 일상을 바쁘게 소화하느라 또다시 정신없는 하루하루를 보내게 될 것이다. 공존의 가능성은 체이스 박사와 차일러트 여사 같은 사람들의 몫으로 남겨놓은 채 말이다.

그러나 한 가지 분명한 것은, 이 잔혹한 진실을 아예 몰랐던 시절로는 결코 돌아갈 수 없을 거라는 점이다. 시간이 아무리 흘러도 머리 잘린 코끼리 사체의 강렬한 악취를, 쇠사슬로 묶이고 불훅에 찍히며 피눈물을 흘리던 아기 코끼리의 모습을 잊을 수는 없으리라. 그리고 그 기억들은 결국 우리 모두를 조금씩은 바꿔놓을 것이다. 어쩌면 그것이 휴머니멀을 통해 내딛는 공존으로의 소중한 첫걸음일지도 모른다.

2장

총을 든 천사,
트로피 헌터

짐바브웨의
국민 사자
세실

식용이나 상업적인 목적이 아니라 레저와 전시를 목적으로 동물을 사냥하는 행위를 '트로피 헌팅(trophy hunting)'이라고 한다. '트로피'는 벽에 걸어놓기 위해 그 동물의 머리를 박제하여 만든 장식품을 가리킨다. 총기 소유가 엄격히 제한되는 우리나라에서 사냥은 일부 직업 포수들의 생계활동 이미지가 강하다. 하지만 서구 사회에서 트로피 헌팅은 이미 하나의 거대한 레포츠(leisure sports) 산업으로 번성하고 있다.

그렇게 트로피 헌팅이라는 미지의 키워드를 따라가다 만난 것이 짐바브웨의 국민 사자 세실(Cecil)이었다. 누구도 감탄을 금하지 못할 만큼의 위엄을 뽐내던 이 사자는 짐바브웨의 명물이자 황게 국립공원의 마스코트였다. 그리고 누군가에게는 그만큼 탐나고 가치 있는, 사냥의 목표물이기도 했다.

세실의
죽음

자연과 다큐멘터리를 모두 사랑하며, 사자 같은 카리스마와 눈빛을 지닌 배우 류승룡 씨는 '백수의 왕' 사자의 마지막 순간을 전달하기에 가장 어울리는 사람이었다. 그는 영화 두 편을 찍는 바쁜 스케줄에도 선뜻 이번 여정에 합류했다.

"사실 지금까지는 깊게 생각 안 해본 문제이긴 해요. 트로피 헌팅이라는 단어도 낯설었고요. 그냥 저 멀리 있고 저랑은 별 상관없는 신기루 같은 느낌이랄까? 그런데 세실에 관한 책을 읽어보고 나니, 세실의 존재와 생애가 실감나더라고요. 뭔가 짐바브웨에 가면 이 문제에 대한 해답을 얻을 수 있을 것 같았어요."

짐바브웨에서 가장 큰 야생 보호 구역인 황게 국립공원은 14,650km²의 방대한 면적을 자랑한다. 사자를 정점으로 코끼리, 물소, 임팔라, 수많은 조류까지 다양한 야생동물의 보고이기도 하다. 브렌트 스타펠캄프(Brent Stapelkamp)는 이곳에서 사자를 연구

2장 총을 든 천사, 트로피 헌터

짐바브웨를 대표하는 수사자 세실의 생전 모습

하던 옥스퍼드 대학교 와일드크루의 연구원이었다. 그는 세실이라
는 거대한 수사자가 이끄는 프라이드(가족 무리)를 추적 관찰하고,
이들을 사진으로 기록하는 역할을 맡고 있었다. 하지만 세실과의
만남은 이후 그의 삶을 송두리째 바꿔놓았다. 대체 그와 세실에게
는 무슨 일이 있었던 것일까.

2장 총을 든 천사, 트로피 헌터

세상에서 가장 유명한 사자로 통했던 세실은 황게의 지배자였다. 당시 나이 13세였던 세실은 사람으로 따지면 100세가 넘는 고령이었다. 그러나 어깨높이 1.2m에 몸무게 250kg의 거구는 보는 이를 단숨에 압도했다. 특히 '제트블랙(Jet Black)'이라고 불리는 검고 풍성한 갈기가 유난히 위풍당당했다. 무려 6마리의 암사자와 24마리의 새끼 사자를 거느린 가장 큰 프라이드의 알파 메일(alpha male: 우두머리 수컷). 이런 세실을 보기 위해 수많은 관광객이 사파리카를 타고 황게 국립공원을 찾았다.

세실은 낮게 그르렁대는 소리를 내며 우아하고 느릿한 걸음걸이로 차량 사이를 지나가곤 했다. 그 모습이 마치 당당하게 런웨이를 걷는 모델 같았다. 사람들은 코앞에서 찍은 그의 풍모를 SNS에 올렸고, 세실은 짐바브웨를 상징하는 아이콘이 되었다. 사람이 탄 차량이 다가가도 피하거나 경계하지 않았기 때문에, 브렌트 같은 사자 연구자에게는 더없이 많은 도움을 준 사자이기도 했다.

"영상으로 보니까 정말 카리스마가 엄청나더라고요. 너무 멋있으니까 관광객들 사이에서 유명해지고, 짐바브웨의 마스코트처럼 되어버린 거죠. 근데 그래서 헌터들의 눈에도 띈 거고……."

와일드크루 연구팀은 세실이 약 4살쯤 되었을 때부터 컬러링을 통해 추적 연구를 시작했다. 그 풍성한 갈기에 묻혀 목에 걸린 컬러는 보이지 않았지만 세실은 9년째 꾸준히 자신의 위치를 송신하고 있었다. 브렌트는 아침에 눈을 뜨면 세실의 위치를 확인하는 걸로 하루 일과를 시작했다. 그러던 2015년 7월 4일, 평소처럼 일어난 그의 휴대전화에는 세실의 GPS 정보가 수신되지 않았다. 컬러의 배터리가 나가는 일은 종종 있기 때문에, 이번에는 방전이 좀 빠르다고만 생각했다. 그게 이 모든 소용돌이의 시작일 거라고는 짐작조차 하지 못한 채.

세실의 컬러를 교체하려면 마취시킬 준비를 해야 했다. 다른 업무를 처리하느라 아직 세실을 찾아 나설 엄두를 못 내고 있었는데, 친한 사파리 가이드가 그를 찾아왔다. 주민들 사이에서 큰 수사자 한 마리가 사냥꾼에게 당했다는 소문이 퍼진 것이었다. 브렌트의 머릿속에 세실의 모습이 번뜩 스쳐갔다. 설마 녀석일까.

위치 정보가 끊긴 지 사흘째 되는 날이었다. 브렌트는 서둘러 데이터를 확인해 세실의 마지막 GPS 위치를 공원 당국에 공유하고 인근을 수색해달라고 요청했다. 얼마 지나지 않아 세실의 사체가 발견됐다는 연락이 왔다. 정확히 말하자면 사체의 일부였다. 세실을 사냥한 이들이 떼어갔는지 그 풍성한 갈기의 머리와 가죽은 어디에도 없었다. 그나마 몸통도 독수리와 하이에나가 헤집어 놓은 상태였다.

세실을 죽인 사람은 미국의 치과의사, 월터 파머(Walter Palmer)였다. (총기 소유가 자유로운 나라답게 전 세계 트로피 헌터의 80%는 미

국인이다.) 브렌트는 그가 애초부터 세실만을 계획적으로 노리고 황게에 온 것이라고 주장했다. 그러나 국립공원 안에서 사자를 사냥하는 것은 엄격히 금지되어 있다. 파머와 헌팅업체 관계자들 역시 그 사실을 정확히 알고 있었다. 그래서 그들은 사자들이 잘 다니는 길목을 따라 코끼리 피를 흩뿌려 놓고 세실을 유인했다. 황게 국립공원의 경계선에는 철로가 있는데 여길 넘어서면 합법적인 사냥지대로 들어서게 된다. 이곳에 몸을 숨긴 파머 일행은 미끼로 코끼리 고기를 놓고 기다렸다. 먼저 다른 수사자가 나타났지만 이들은 그 녀석을 거들떠보지도 않았다. 살짝 상한 고기의 알싸한 냄새가 검은 갈기의 사자를 불러내길 기다릴 뿐이었다.

세실이 죽기 전 마지막으로 찍힌 사진

　그리고 밤 10시경, 마침내 세실이 철로를 건너 나타났다. 헌터들은 코끼리 사체에서 40m 정도 떨어진 곳에 있었다. 일행이 세실 쪽으로 밝은 빛을 비춰서 순간적으로 앞을 보지 못하게 만든 사이, 파머는 세실을 향해 석궁을 발사했다. 세실은 즉사하지 않고 부상만 당한 상태로 도망쳤다. 그들은 그 어둠속에서 굳이 세실을 쫓아가지 않았다. 오히려 여유롭게 숙소로 돌아가 잠시 휴식을 취한 뒤 날이 밝자 핏자국을 따라가 세실을 찾아냈다. 밤새 출혈로 기력이 떨어진 세실은 도망치지 못했고, 두 번째 화살을 맞아 결국 목숨을 잃었다. 파머의 손목시계는 7월 2일 아침 9시를 가리키고 있었다.

　브렌트는 이들이 세실을 죽이고서야 목에 있는 컬러를 발견했

　2장 총을 든 천사, 트로피 헌터

을 거라고 추정했다. 세실이 유명한 사자인건 알았지만 연구팀이 실시간 관리하는 개체인지는 몰랐을 거란 뜻이다. 자신들이 매우 곤란한 처지에 빠질 수 있다는 걸 파머는 금세 눈치챘다. 그래서 그는 곧바로 이 지역을 떠나 귀국길에 올랐고 현지 헌팅업체 관계자가 세실의 컬러를 들고 공원 이곳저곳을 옮겨 다녔다. 마치 살아 있는 세실이 물가나 나무 아래를 돌아다닌 것처럼 위장하기 위해서였다. 파머가 비행기를 타고 출발한 다음에야 그는 그 컬러를 부숴 증거를 없앴다. 브렌트의 휴대폰에서 세실의 GPS 신호가 사라진 바로 그날이었다. 결국 월터 파머가 자신의 고향 미네소타로 안전하게 돌아간 후인 7월 말이 되어서야 세실의 죽음이 알려지며 수사가 시작되었다.

짐바브웨 정부는 컬러를 파괴한 현지 헌팅업체 관계자 테오 브롱크호스트(Theo Bronkhorst)를 기소하고 미국에 월터 파머의 신병 인도를 요청했다. 그러나 파머는 적절한 허가를 받고 5만 달러의 헌팅 비용을 업체에 지급했기 때문에 사냥은 합법이었다고 버텼다. 짐바브웨 정부도 더 이상 손쓸 도리가 없었다. 브롱크호스트는 무죄로 풀려났고, 파머는 기소조차 되지 않았다.

그러나 이 사실이 알려지자, 트로피 헌팅에 대한 국제적인 분노가 일었다. 2015년 7월 29일 하루에만 세실에 관한 기사 18,888개가 올라왔다. 브렌트는 이를 '댐이 무너졌다.'고 표현했다. 동물애호가와 시민들은 월터 파머의 병원 앞에 찾아가 피켓을 흔들며

월터 파머의 병원 앞에 붙은 시위 피켓

항의 시위를 이어갔다. 전국에서 몰려든 취재진이 그의 입장을 들으려 진을 치고 기다렸다. 파머는 "만약 그 사자가 짐바브웨에 중요한 존재라거나 연구 대상이었다는 사실을 알았다면 잡지 않았을 것"이라며 "사냥팀 중 누구도 그 사자가 세실인지 몰랐다."고 주장했다. 그러나 그는 짐바브웨로 돌아가 조사와 재판을 받는 것은 끝내 거부했다. 비난 여론이 더욱 거세지자 그는 SNS 계정을 폐쇄하고 병원도 임시 휴업해야만 했다.

짐바브웨라는 나라도, 트로피 헌팅이라는 단어도 몰랐던 수많은 사람들이 국민 사자의 죽음을 한 목소리로 애도했다. 어찌 보면 세실은 자신의 죽음으로 트로피 헌팅을 온 세상에 알리는 전도사 역할을 해낸 셈이다. 벽에 걸 장식품을 만들기 위해 동물을 죽이는 행위를 금지해야 한다는 목소리는 들불처럼 번져나갔다. 전 세계 항공사 42곳이 트로피 헌팅에 희생된 야생동물의 모피 운송 중단에 협약했고, 미국 어류및야생동물관리국(U. S. Fish and Wildlife Service, USFWS)은 아프리카 사자를 멸종위기종으로 지정했다. 이제 미국으로 사자의 사체를 반입하기 위해서는 사자의 생존에 위해를 가하지 않았고 종 보존에 기여했다는 증빙이 있어야만 한다는 조항이 신설되기도 했다. 브렌트가 속했던 옥스퍼드 연구팀 와일드크루에도 100만 달러가 넘는 기금이 쏟아져 들어왔다. 모두 세실의 죽음 후 2년 안에 생긴 변화였다.

이런 움직임은 미국에서 유럽으로 번져갔다. 세실 사태 전까지 트로피 헌팅은 유럽에서도 증가하는 추세였다. 2010~2017년 영국으로 반입된 동물 사체는 1981~1990년 반입량의 12배에 달했고, 그중 절반이 사자의 머리였다. 하지만 세실의 죽음 이후 프랑스, 네덜란드, 호주 등이 트로피 헌팅 포획물의 반입을 금지하기로 했고, 영국 역시 이런 조치를 검토하겠다고 밝혔다.

승룡 씨는 세실의 흔적을 더듬어 짐바브웨로의 긴 여정에 나섰다. 그의 손에는 브렌트가 쓴 세실에 관한 책이 들려있었다. 세계 3대 폭포인 빅토리아 폭포에서 차로 2시간 거리에 황게 국립공원이 있다. 브렌트는 거기서 한 시간을 더 들어가야 나오는 숲속에 살고 있었다. 길이 아예 없는 곳이라 그가 직접 도로가 끝나는 지점까지 마중을 나왔다.

그의 안내를 받아 도착한 집은 말 그대로 자연의 일부였다. 일체의 전기나 수도 없이 모든 것을 자연 상태 그대로 얻어서 온 가족이 살아가고 있었다. 아내 로리는 분뇨를 받아 텃밭에 거름으로 주고, 아들은 흙바닥을 뒹굴며 나무 장난감을 가지고 놀았다. 그의 머리는 며칠을 감지 않아 떠 있었고, 손톱 밑에는 까맣게 묵은 때가 박혔다. 브렌트는 생활용수는 빗물을 받아 뒀다 사용하고, 식재료는 모두 직접 키운 채소로 해결한다고 웃으며 말했다. 그의 삶을 이렇게 바꾼 계기는 역시 세실의 죽음이었다.

"제가 찍은 사진들은 세실의 삶을 나타내는 증거가 되었어요. 너무 많은 인터뷰 요청을 받아야만 했죠. 심지어 지금까지도 저 멀리 한국에서 이렇게 저를 찾아오잖아요? 그리고 세상 사람들은 세실이 남기고 간 프라이드의 암사자와 새끼사자를 걱정했어요. 전 그 사자들의 사진을 찍어 세상에 알리는 일에 많은 시간을 할애할 수밖에 없었어요. 더 이상 사자를 연구하는 활동에만 전념할 수 없게 된 거죠. 와일드크루라는 조직에 대한 고민도 사실 오래전부터 있었어요. 그래서 아내와 상의한 끝에 연구팀을 떠나 다른 일을 하기로 했습니다."

옥스퍼드 대학교의 사자 관리 프로젝트팀인 와일드크루는 아이러니하게도 사자를 사냥하는 행위 자체를 반대하지 않는다. 브렌트의 책을 번역한 남종영 한겨레 기자에 따르면, 와일드크루의 설립자 데이비드 맥도널드(David Macdornald) 교수는 영국 일간지 〈텔레그래프(The Telegraph)〉와의 인터뷰에서 "아프리카의 일부 지역에서는 엄격하게 통제된 트로피 헌팅이야말로 사자를 보전하기 위한 최선책이다."라고 말했다. 와일드크루는 심지어 트로피 헌팅을 적극 옹호하는 미국의 이익단체 댈러스사파리클럽(Dallas Safari Club)의 후원을 받고 있다. 국제적 동물보호단체 중 일부가 트로피 헌팅을 명시적으로 반대하지 않는 것도 공공연한 비밀이다. 다분히 불편한 진실이지만 여기에는 서구사회의 역사적 맥락이 있다. 동물 자원의 남획을 막아야 할 주요 이유 중에는 지속 가능한 헌팅도 큰 부분을 차지하기 때문이다.

세실의 죽음과 그 이후에 벌어진 드라마틱한 변화를 보며, 브렌트는 이 진실을 더 이상 외면하기가 어려워졌다. 그 죽음을 알린 사람이 또 다른 죽음은 필요악이라고 말하는 것은 자기부정이었다. 그래서 그는 와일드크루를 떠나기로 결심하고 황게 국립공원 외곽에 정착했다. 인간과 사자의 공존을 연구하는 비정부기구 'The Soft Foot Alliance'를 설립하기 위해서였다.

그는 남아공과 보츠와나 등지로 세실에 대한 강연을 하러 다니다가 미처 생각지 못했던 지점을 깨달았다고 한다. 바로 세실의 죽음에 분노하는 이들이 많은 만큼, 사자를 좋아하지 않는 이들도 분명히 존재한다는 사실이다. 아프리카인 중에는 사자에게 가족이나 가축을 공격당한 피해자들이 많다. 이들에게 사자는 거대한 위협일 뿐, 정서를 공유하는 대상이 아닌 것이다. 실제 우리가 짐바브웨 촬영을 진행하고 있을 때, 현지 안내를 맡은 한국인 통역이 그런 분위기를 전해주기도 했다. 2015년 세실이 죽고 전 세계의 이목이 집중되었을 때 짐바브웨 사람들 중에는 "사자 한 마리 죽은 게 뭐 저렇게 큰일이라고 난리들이지?" 하는 시니컬한 반응이 많았다는 것. 심지어 통신 인프라가 열악한 짐바브웨에서는 세실이라는 사자를 모르는 국민이 훨씬 더 많았다고 한다.

브렌트는 'The Soft Foot Alliance'를 만들어 인간과 사자의 갈등을 오히려 조금 더 인간의 관점에서 다루는 일에 헌신하기로 했다. 그에게는 황게 국립공원 인근 주민의 삶과 공동체를 살리는 것이 우선이다. 그래야만 월터 파머와 같은 헌터를 또 다른 세실에게 안내하고 돈을 버는 사람을 줄여나갈 수 있기 때문이다. 이 역시 세실의 비극적인 죽음이 널리 알려지며 생긴 변화였다.

그들의 트로피와 맞바꾼 것

짐바브웨에서 사자 사냥은 불

법이 아니다. 사자 개체수 변화에 따라 정부는 그해의 사자 사냥 쿼터(quota: 할당량)를 정해 헌팅업체에 배분한다. 짐바브웨 말고도 남아공, 에티오피아, 카메룬, 나미비아 등 아프리카 국가 상당수가 트로피 헌터들에게 수렵권을 판매해 막대한 수입을 거둔다. 월터 파머가 업체에 지불한 5만 달러에는 정부의 쿼터를 구매하는 비용, 현지 업체의 장비 대여비와 인건비, 부패방지 처리한 사체를 미국 으로 가져다주는 운송비 등이 포함되어 있었다. 열흘에서 2주 일정 의 원정 레포츠 치고는 상당히 비싼 금액이다. 트로피 헌팅이 부호 (富豪)의 유희라고 일컬어지는 이유이기도 하다. 하지만 브렌트는 트로피 헌팅을 제국주의 시대의 정복자 문화에 기반한 자원 수탈 로 규정한다.

"아프리카에는 동물을 사냥해서 그 목을 벽에 걸어두는 역사가 존 재하지 않아요. 이는 명백한 식민 잔재입니다. 백인은 아프리카에 와서 코끼리를 사냥하고 그 상아를 본국으로 가져가곤 하지만, 아 프리카에는 그런 경우가 없었거든요. 그들은 단지 돈을 내어 지역 사회에 기여한다는 논리로 이를 합리화할 뿐입니다."

브렌트의 논리를 뒷받침할 증거가 바로 '세실(Cecil)'이라는 이 름이다. 이 이름은 영국의 아프리카 식민지 정치가 세실 로즈(Cecil John Rhodes)에게서 따온 것이다. 그는 1880년대 남아공 일대를 지배하는 총독이자 사업가였다. 아프리카를 무력으로 정복했던 전형적인 제국주의자의 이름을 황게에서 가장 강한 수사자에게 붙인 것이 과연 우연일까? 그 이름을 붙인 사람은 세실을 보며 찬란했던 대영제국의 지배를 그리워했는지 모른다. 19세기말 아프리카를 문명화시키겠다는 명목으로 세실 로즈의 군대가 총을 들고 들어왔다면, 지금은 아프리카에 경제적 기여를 하겠다는 명목으로 트로피 헌터들이 그들의 야생에 총을 겨누고 있다.

그러나 사자 한 마리를 죽이는 것은 단순히 금전적인 이익으로 치환할 수 있는 문제가 아니다. 표범이나 치타 같은 다른 고양이과 맹수와 달리 사자는 가족 구성원의 단위가 크고 연대가 매우 강한 동물이다. 사자는 대부분 프라이드를 이루어 움직이는데, 이 안의 암컷들은 먹이를 사냥하고 새끼를 키우는 주요 업무를 각각 나누어 담당한다. 그리고 세실과 같은 우두머리는 이들과 짝짓기해 새끼를 번식시키는 유일한 수컷이다. 그런 습성 탓에 이 우두머리 수사자가 죽으면 무리 내에 엄청난 사회적 변화가 발생한다. 프라이드에서 쫓겨나 홀로 생활하던 다른 수컷들이 힘으로 무리를 장악해도 암컷은 이를 막을 수가 없다. 그리고 그렇게 무리를 장악한 새 우두머리는 이전 수컷의 씨를 받은 어린 새끼들을 모두 죽인다. 자신의 유전자를 후손에 전파하려는 타고난 본능이 작동하기 때문이다. 결국 수사자 한 마리의 죽음은 사자 30여 마리의 죽음으로 이어진다.

2장 총을 든 천사, 트로피 헌터

암컷들과 즐거운 한때를 보내는 세실

세실이 죽은 장소, 철길 사이로 황게 국립공원과 합법적인 사냥 구역이 맞닿아 있다.

트로피 헌터는 자신들은 생태계 보호를 위해 가장 늙은 수컷만을 노린다고 공공연히 말한다. 가임기의 암컷이나 어린 새끼의 경우 종족 보존을 위해 죽이지 않는다는 명분은 일견 그럴싸해 보인다. 그러나 대부분의 야생동물은 수컷이 더 크고 화려한 덩치나 뿔(갈기)을 갖춘다. 헌터들의 속내에는 으레 가장 큰 트로피를 얻고 싶은 욕망이 감춰져 있다. 그리고 사자의 경우 이 선택이 뜻하지 않은 나비효과를 불러올 수 있다. 헌터의 주장과는 달리 사자 사회 전체가 드러나지 않은 표적이 될 수 있기 때문이다.

브렌트는 반나절 가까이 열변을 토하며 세실의 이야기를 들려주었다. 그의 얼굴엔 회한이 서려 있었고 또 한편에는 그리움이 묻

2장 총을 든 천사, 트로피 헌터

어났다. 그리고 승룡 씨는 브렌트에게 받은 약도를 따라 세실이 죽은 장소를 직접 찾았다. 국립공원을 거슬러 완전히 반대쪽까지 비포장도로를 달리는 사이 해가 지기 시작했다. 철길이 나타날 때쯤 이미 황게의 평원은 핏빛처럼 붉게 물들어 있었다.

세실의 자취를 머금고 있는 듯한 초저녁의 공기를 깊게 들이마시며, 승룡 씨는 묵묵히 걸어가 세실이 죽음을 맞이했던 철길 앞에 섰다. 거센 바람소리가 이따금 적막을 깼다. 흔들리는 수풀 속에서 금방이라도 세실 같은 형체의 무언가가 튀어나올 것 같은 착각이 들었다. 그는 시간이 멈춘 듯 한참 동안 철길 너머의 국립공원 방향을 응시했다.

"세실을 직접 만난 것 같은 기분이 들었어요. 지금이라도 내 눈앞에 걸어서 나타날 것 같은……. 세상에서 가장 유명한 사자였고, 자신의 죽음으로 가장 많은 걸 일깨워준 사자. 근데 우리 인간은 그 사자를 잃고 뭐가 달라졌을까요? 전 아직 그 해답을 찾지 못한 것 같습니다."

트로피 헌터의 사자 사냥은 계속되고 있다. 세실의 죽음에 대한 조사가 진행 중이던 시점에도 황게의 사자 한 마리가 또 다른 헌터의 총에 목숨을 잃었을 정도다. 사자는 현재 세계자연보전연맹(International Union for Conservation of Nature, IUCN)에 의해 멸종위기취약종으로 분류되고 있다. 1940년대만 해도 아프리카의 사자는 45~50만 마리로 추정됐다. 그러나 개체수 감소폭이 급격히 가팔라지면서 현재 남은 사자는 약 2만 마리에 불과하다. 1993년부터 2014년까지 21년 사이에만 사자의 개체수가 43% 줄었다는 연구도 있다(남종영, 2018). 사자가 멸종위기에 처할 정도로 줄어든데에는 트로피 헌팅 외에도 여러 복합적인 이유가 있겠으나, 트로피 헌팅이 적잖은 비율을 차지하고 있다는 것도 부정하기 어렵다. 과연 우리는 언제까지 밀림 속 사자의 존재를 자연스럽게 떠올릴 수 있을까.

악과
필요악
사이

　태초의 인류에게 수렵 즉 사냥은 생존을 위해 가장 중요한 수단이었다. 이후 농경사회가 발전하고 가축을 키우게 되면서 식량을 안정적으로 공급하는 게 가능해졌지만, 인간은 여전히 사냥을 멈추지 않았다. 그리고 거기에는 일부나마 사냥이 주는 긴장감이나 정복감을 계속 느끼고자 하는 욕구가 있음을 부인할 수 없다. 이처럼 쾌락을 위해 다른 생명체를 죽이는 일에 대한 거센 반감을 트로피 헌터들도 잘 알고 있다. 그래서일까. 헌터들은 자신이 사냥을 통해 야생동물과 생태계를 보호하고 있다고 주장한다.

　금발의 머리카락을 휘날리며 거대한 흑곰을 향해 총을 겨누는 미녀, 올리비아 오프레는 확고한 신념을 가진 트로피 헌터다. 그녀는 〈얼티밋 익스트림 헌트리스(Ultimate Extreme Huntress)〉라는 헌팅 서바이벌 쇼에 출연해 유명세를 떨친 뒤, 지금까지 활발히 활동하고 있다. 하지만 올리비아는 스스로를 '야생 환경보호 활동가'이자 '헌팅 컨설턴트'로 소개한다. 그녀는 트로피 헌팅에 대한 잘못된 선입견을 없애고 싶다며 흔쾌히 자신의 헌팅 투어를 공개했다.

올리비아의
집

올리비아는 미국 서부 몬태나 주에 살고 있었다. 몬태나 주는 로키산맥 자락 옐로우스톤 국립공원으로 유명한 산악지방이다. 아메리카흑곰과 알래스카불곰이 자주 출몰해 집집마다 사냥총 한 자루씩은 다 가지고 있다는 동네이기도 하다. 〈지정생존자(Designated Survivor)〉라는 미국 드라마를 보면, 신임 대통령이 총기규제 법안을 통과시키려 하자 유일하게 이를 막아서는 이가 몬태나 전 주지사로 묘사될 정도다. 그녀가 이처럼 보수세가 강하고 총기 사용에 관대한 지역에 거주하는 것 또한 자연스러워 보였다.

그러나 올리비아의 집에 초대받은 해진 씨는 글래이서 파크 국제공항에 도착해서부터 착잡한 표정을 감추지 못했다. 공항은 대합실 입구부터 거대한 곰의 전신 박제와 엘크, 산양 등의 트로피

2장 총을 든 천사, 트로피 헌터

로 장식되어 있었다. 올리비아의 집은 공항 인근의 칼리스펠에서 차로 한 시간 이상 더 들어간 깊은 산속에 있었다. 그녀의 남편은 올리비아의 헌팅을 영상에 담는 필름메이커이면서 본인도 유명한 헌터였다.

헌터 부부는 4명의 아이를 키우며 살고 있었다. 깔끔한 주방과 푹신한 소파, 벽난로 위를 빼곡히 채운 가족사진들, 애교를 부리는 새끼 고양이까지…… 언뜻 보면 평범하고 안락한 가정집처럼 보였다.

그러나 현관문을 열고 거실에 들어선 순간, 해진 씨의 표정이 얼어붙고 말았다. 나무로 지은 올리비아의 집은 거실이 맨 위층에 콘서트홀처럼 크게 자리 잡은 구조였다. 그리고 그 공간을 가득 채운 것은 야생동물의 박제와 트로피들이었다. 집이라기보다는 하나의 거대한 전시관처럼 보일 정도였다. 정중앙에는 성난 표정으로 서로를 공격하는 사자 두 마리가 보는 이를 압도했다. 스틸 사진을 찍으면 살아있는 사자로 착각할 만큼 사실적이고 정교한 '작품'이었다. 그 양옆으로 얼룩말, 사슴, 임팔라 등의 전신 박제도 곧 움직일 듯 서 있었다. 그리고 벽에는 뿔 달린 각종 초식동물의 트로피가 빽빽하게 걸려있었다. 얼핏 봐도 30여 개는 훌쩍 넘어보였다. 아프리카의 버팔로, 쿠두, 일런드부터 북아메리카의 순록, 무스에 이르기까지 종류와 크기도 다양했다. 거실 어디에 서 있건 벽에 걸린 머리들이 뚫어져라 쳐다보는 듯했다. 해진 씨는 무거운 발걸음

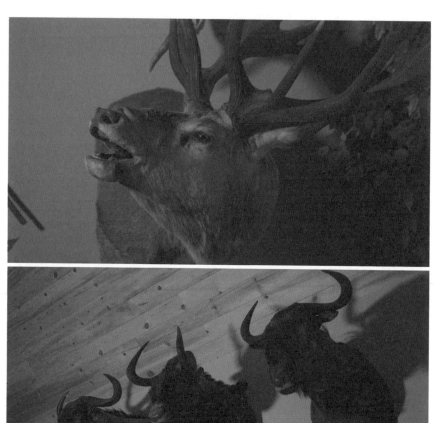

트로피 헌터 올리비아의 집 거실을 수놓은 야생동물 박제와 트로피들

생존 당시 모습으로 박제된 한 쌍의 사자

으로 말없이 거실을 둘러보았다.

"이 두 마리 사자를 보시면 사자 얼굴의 갈기와 주름, 근육까지 이렇게 생생해요. 헌팅 당시의 감정과 긴장감을 보여주죠. 이 수사자는 나이가 꽤 많은 녀석이었어요. 암컷은 우연찮게 자신의 무리에서 떨어져 혼자 있었고요. 그 틈을 타 제가 사냥한 거예요."

올리비아는 자랑스럽게 자신의 전리품을 쓰다듬었다. 박제된 트로피를 하나하나 살피면 사냥 당시의 기억이 손에 잡힐 듯 떠오른다고 했다. 그녀는 동물을 박제해 남기는 것이 그 동물을 영원히 기억하는 일이자 그들에 대한 예우라고 생각한다. 그것이 삶의 한 순간을 영원히 보존하는 하나의 예술품이라고 확신하는 것이다. 하지만 해진 씨는 애써 고개를 끄덕여 보일 뿐 올리비아의 이야기에 동의할 수 없다는 기색이 역력했다. 그는 거실을 다 둘러본 뒤 집 뒤편의 산길을 혼자 걸으며 마음을 추슬렀다. 그는 이후 '휴머니멀'의 여정 중 가장 힘들었던 순간으로 올리비아 집에서의 촬영을 꼽았다.

"자꾸 포르말린 같은 그런 냄새가 나는 기분이 드는 거예요. 시체 보관실에서 나는 소독약 냄새 같기도 하고…… 그 수많은 트로피랑 눈이 마주칠 때마다 내가 너무 미안한 마음이 들었어요. 저게 저 동물을 기리는 방법이라는 말도 정말 납득이 안 되는데 뭐라고 대답을 해야 할지 모르겠고, 쉽게 고개가 끄덕여지지 않더라고요. 저는 정말 동의하기 어려워요. 올리비아는 거실에 야생의 현장을 복원해 놓았다고 생각하는 것 같았는데, 제 눈엔 그냥 거대한 무덤으로 보였어요."

단 한 발의
손맛을 위해

올리비아는 벌써 26년째 트로피 헌팅을 해오고 있다. 지금까지 캐나다, 뉴질랜드, 아르헨티나, 프랑스, 스웨덴, 몽골, 에티오피아, 리비아 등 수많은 국가를 돌아다니며 약 100여 종, 200여 마리가 넘는 동물을 사냥했다. 특히 지금도 1년에 두세 번은 꼭 아프리카를 찾는다. 2019년 5월에도 그녀는 아프리카 잠비아로의 헌팅 투어를 나서기로 했다.

남아프리카공화국 바로 위에 위치한 잠비아는 극심한 밀렵으로 야생 생태계가 망가진 지 오래다. 그러나 잠비아 정부는 헌팅 피(fee)의 달콤한 유혹을 이기지 못하고 사냥 쿼터(quota)를 다시 판매하고 있다. 올리비아는 남편과 함께 잠비아의 총궤(Chongwe) 지역으로 향했다. 이곳은 야생보호구역으로 지정돼 지난 2년간 어떤 종류의 사냥도 금지된 상태였다. 그러나 최근 동물 개체수가 증

가하자 다시 쿼터가 판매되기 시작했다. 올리비아 부부는 그곳에
초청을 받아 마수걸이 사냥을 떠난 참이었다.

　이들을 안내하기 위해 마카사라는 신생 헌팅업체가 공항으로
마중을 나왔다. 대표 롤랜드와 두 아들은 억세고 독특한 남아공식
억양을 쓰는 백인 거구들이었다. 올리비아의 유명세를 증명하듯,
그들은 무척 들뜬 얼굴로 올리비아 부부를 반갑게 맞이했다.

　"올리비아를 직접 보다니 가슴이 떨려요. 그녀는 헌팅 업계에서는

정말 아이돌 스타 같은 존재거든요. 우리가 올리비아를 가이드할
수 있다니 정말 큰 영광입니다!"

총궤에 도착한 다음 날부터 바로 헌팅이 시작되었다. 사냥용
으로 개조한 랜드크루저에 올리비아를 비롯해 현지인 길안내 겸
포터 2명, 혹시나 있을 위협에 대비하는 가드가 타고 롤랜드가 운
전대를 잡았다. 이들은 일주일 동안 매일 동이 트는 새벽 5시에 출
발해 일몰까지 사냥을 계속한다. 총궤의 야생동물 이동 경로를 꿰
고 있는 롤랜드는 시속 10~20km로 느리게 차를 몰며 목표물을
찾아다녔다.

종일 숲속을 돌다 보면 오프로드의 흙먼지에 얼굴과 장비가
전부 황토색으로 변할 정도였지만, 올리비아는 한 시도 집중력을
잃지 않았다. 그녀는 크고 작은 초식동물이 나타날 때마다 망원경
으로 자신이 원하는 크기의 수컷인지를 확인했다. 그녀 역시 여느
트로피 헌터처럼 나이든 수컷이 아니면 쏘지 않는다는 원칙을 자
랑스럽게 여겼다.

그리고 둘째 날 늦은 오후쯤, 드디어 매끈한 몸매와 멋진 뿔의
임팔라가 모습을 드러냈다. 겁 없이 무리를 떠나 혼자 돌아다니는
덩치 큰 수놈이었다. 올리비아의 안광이 번뜩였다. 그녀는 장총을
케이스에서 꺼내 들고 조용히 차에서 내렸다. 허가 받은 트로피 헌
터라도 차에서 총을 쏘는 것은 불법이다. 그럴 경우 동물이 도망갈

2장 총을 든 천사, 트로피 헌터

틈도 없이 너무 쉽게 사냥에 성공할 수 있기 때문이다. 롤랜드가 총 받침대를 설치하자 올리비아가 기다란 총열을 그 위에 얹었다. 놈과의 거리는 약 30m. 제법 먼데다 중간에는 나무와 수풀도 우거져 있었다. 이상한 공기를 느꼈는지 임팔라가 이쪽을 한번 쳐다봤다. 3~4초쯤 빤히 시선을 마주치다가 별거 아니라는 듯 고개를 돌리는 순간, 올리비아의 총구가 불을 뿜었다. 임팔라가 그 자리에서 풀썩 쓰러졌다.

현지 직원들이 차에서 뛰어내려 임팔라에게 내달았다. 올리비아는 심호흡을 한 번 하더니 여유롭게 그들을 따라 걸어갔다. 명중을 확신하는 표정이었다. 직원들의 환호성이 울리는 곳에는 임팔라가 사후경직으로 몸을 뒤틀며 쓰러져 있었다. 총알은 정확히 녀석의 목 아래쪽과 가슴 사이 급소를 관통했다. 잠비아에 와서 쏜 첫 총알이었다. 올리비아와 롤랜드가 밝은 표정으로 악수를 나누며 개시를 축하했다. 그녀는 죽은 사체에 다가가 뿔을 부드럽게 쓰다듬었다.

"정말 아름다운 녀석이네요. 나에게 와줘서 고마워."

그녀는 사냥을 성공한 뒤에는 항상 죽은 동물의 머리에 손을 얹고 그 희생을 기리는 작은 의식을 치른다고 했다.

"한 동물이 희생해서 다른 동물들이 살 수 있게 된 거죠. 그걸 알기 때문에 죽은 동물들에게 저만의 방식으로 감사를 표시해요."

그 뒤에는 사진 촬영이 이어진다. 그녀는 언제 임팔라의 사체를 잡아끄는 아마조네스(Amazones, 그리스신화에 나오는 여성 전사로 이루어진 부족) 같은 걸음걸이를 했다. 이어서 해를 등지고 전리품 앞에선 환한 표정도 셀프카메라로 찍었다. 특히 임팔라가 죽은 게 아니라 잠든 것처럼 보이기 위해서는 핏자국을 지워야 했으므로 올리비아는 능숙하게 임팔라의 뿔을 잡고 피 묻은 입을 흙바닥에 쓱쓱 비벼 닦아버리고는 촬영을 이어갔다. 그녀는 헌팅의 순간을 다른 이들과 나누고 싶다며, 매번 직접 찍은 사진들을 대중에게 공개해왔다. 그 덕에 SNS에는 그녀를 옹호하는 이들과 비난하는 이들의 설전이 격하게 이어졌다. 하지만 올리비아는 자신이 이런 유명세를 치르는 것도 불가피한 일이라 여긴다. 오히려 자신을 비난하는 사람들이야말로 헌팅이 야생에 미치는 긍정적인 영향을 잘 모른다고 반박한다.

"제가 헌팅을 한다는 사실에 대해 숱한 공격을 받아 왔어요. 어떤 동물보호단체는 제가 연쇄 동물 살해범이라며 25만 달러의 현상금을 걸었고, 제 집주소도 공개했죠. 살해 협박도 여러 번 당했고요. 하지만 전 겁나지 않아요. 헌팅은 야생을 보전하는 데 매우 중요한 역할을 하고 있고, 저는 그 사실을 계속해서 알려야 하니까요. 저만큼의 경험과 지식, 그리고 이를 계속할 용기를 가진 사람은 많지 않거든요. 저를 비난하는 사람들도 이해는 갑니다. 하지만 그건 결국 헌팅에 대한 무지에서 나오는 주장이죠. 사실 트로피 헌터들과 동물보호단체, 양쪽 모두 야생 환경을 보호하려는 목적은 똑같다는 걸 알아야 합니다. 서로 방법이 다를 뿐이죠."

올리비아가 스스로를 '야생 환경보호 활동가(Wildlife Conservationist)'라고 소개하는 것처럼, 트로피 헌터들은 헌팅이 단순한 쾌락을 위한 게 아니라 야생 보호를 위한 적극적인 행동이라고 주장한다. 주된 이유는 그들이 낸 돈이 정부와 지역사회로 흘러들어가 이 나라의 자연과 동물을 보호하는 데 사용되리라는 것이다. 또한 헌팅을 위해 필요한 가이드와 운전기사 등을 고용하여 각종 일자리를 창출하게 되므로, 이들이 생계를 위해 밀렵꾼으로 전락하는 것을 막을 수 있다는 이유도 있다. 이를 위해 소수의 동물을 희생시키는 것은 오히려 생태계를 지속 가능하게 관리하는 일이라는 논리다. 올리비아는 이 일에 관해 일종의 사명감마저 느끼고 있었다.
　그녀는 임팔라 사냥에 이어 이번 잠비아 원정의 목표이기도 했던 다른 동물을 찾아 나섰다. 아직 그녀의 헌팅 리스트에 올라본 적 없는 위험한 동물, 바로 하마였다. 야생에서 하마는 대부분의 시간을 물속에서 보낸다. 특히 지금 같은 건기에는 피부가 마르기

총알이 발사되는 순간에 찍힌 임팔라의 모습 (위)
급소를 맞고 죽음에 이른 임팔라 (아래)

살아 있는 동물처럼 보이도록 임팔라 입에 묻은 피를 땅에 닦는 올리비아

쉬워 좀체 물 밖으로 나올 생각을 않는다. 이 때문에 하마를 사냥할 때는 90% 이상 물속에 있는 상태에서 총을 쏘게 된다. 그래서 헌터들은 하마가 숨을 쉬기 위해 물 밖으로 고개를 내밀 때에 맞춰 정확하게 뇌를 노린다. 다 자란 수컷 하마는 몸길이가 4m를 넘는데다가 성격이 불같기 때문에, 정확한 한 발로 급소를 명중시키지 못하면 오히려 헌터 일행이 위험해질 수도 있다. 그러나 올리비아는 오히려 이 긴장감을 즐긴다. 생사를 건 모험은 그녀가 사냥을 하는 중요한 이유 중 하나다.

"노련한 경험과 기술, 연습에 의지해 순간적인 판단을 하는 게 중요해요. 위험한 동물을 사냥하러 갈 때는 저와 동행하는 사람들도 고려해야 하고요. 결과적으로 모두의 목숨이 제 손에 달려있으니까요. 제가 실수를 하면 누군가가 실제로 죽을 수도 있어요. 그런 상황이 저로 하여금 사격에 보다 완벽을 기하게 만들죠. 단 한 발로 목표물을 제압하는 데 성공하는 것. 그게 가장 빠르고 윤리적인 방식입니다."

올리비아는 하마가 잘 보이는 강가를 찾아 꼬박 이틀을 헤매고 다녔다. 하마를 잡는 데에는 제법 까다로운 조건이 있다. 일단 하마는 예민한 구석이 있어 낯선 사람들이 몰려들면 물속으로 잠수해 멀리 이동해버린다. 하마에게 일행이 노출되지 않으면

서도 녀석이 잘 보이는 장소가 필요하다. 하마와의 거리도 중요하다. 강폭이 넓은 곳은 거의 100m까지 벌어져 있기 때문에, 이런 곳에 멀찌감치 자리 잡은 하마는 그림의 떡이다. 강가에서 적어도 20~30m 거리 내에 있어야 한다. 그리고 암컷을 잡아서는 안 된다. 물속 어미의 배 아래쪽에 새끼가 있을 수도 있기 때문에 수컷인지 확실치 않으면 총을 겨눌 수 없다.

먼저 현지인 길잡이들이 강가를 훑어서 하마를 찾아냈다. 위치를 알리는 무전을 받으면, 올리비아 일행이 차를 몰고 인근에 다다라 낮은 포복으로 강가에 접근했다. 그리고 하마 무리의 수와 성별을 확인하고 사격이 가능한지를 확인했다. 몇 번의 실패 끝에 마침내 적당한 거리에 있는 하마 가족이 포착됐다. 어림잡아 네다섯 마리의 하마들이 약 20m 거리에서 자맥질을 하며 놀고 있었다.

롤랜드가 망원경으로 수컷이 있는지 훑더니 조용히 손가락으로 오케이 사인을 보냈다. 각자 자리를 잡고 최대한 자세를 낮추었다. 나무가 강물 위로 크게 드리운 언덕바지에 몸을 은폐한 뒤, 올리비아가 특별히 준비한 총알을 꺼냈다. 앞부분 탄두가 붉은색 구리로 만들어진 총알이었다. 총알은 목표물에 맞는 순간 탄두가 납작하게 펴지며 관통한다. 구리는 쇠보다 무르기 때문에 명중하는 순간 더 넓게 펴지며 큰 구멍을 낸다. 그래서 이 치명적인 총알은 크고 위험한 동물을 사냥할 때 주로 사용한다. 올리비아가 노리쇠 뭉치를 천천히 앞으로 밀자 구리총알이 딸깍 하는 소리를 내며 총열 안으로 사라졌다. 강 쪽을 향해 총을 조준하고 올리비아가 크게 숨을 들이마셨다. 푸른 눈동자가 미동도 없이 과녁을 응시했다.

해가 가장 높이 뜬 정오 무렵이었다. 하마들은 몸이 물에 완전히 잠긴 채로 고개만 살짝 물 밖으로 나왔다 들어갔다. 주변에 사람들이 있는 걸 모르는지, 알고도 별 신경을 쓰지 않는 것인지 알 수 없었다. 딱 봐도 가장 큰 녀석이 수면 위에 십여 초 머물다가 물속으로 들어갔다. 잠시 후 얼굴이 다시 수면 위로 올라온 지 1초, 2초, 3초…… '꽝' 하는 굉음과 함께 하마의 눈과 귀 사이에서 물이 퍽 튀었다. 녀석이 물속으로 가라앉듯 사라지자, 다른 가족들도 놀라

　　　　　　　　　　　　2장 총을 든 천사, 트로피 헌터

재빨리 흩어졌다.

그러나 정확하게 명중했다는 것을 확신하기 전까지 긴장을 늦춰서는 안 된다. 올리비아는 여전히 총구를 강으로 향하고 총알 한 발을 더 장전했다. 십여 분이 지났을까. 물속에 희멀건 무언가가 잠겨 있는 게 보이기 시작했다. 하마의 몸뚱이였다. 그제야 총을 거둔 올리비아가 손을 풀며 안도의 한숨을 내쉬었다. 그녀조차도 떨리는 순간이었던 듯 옅은 미소에 여전히 긴장이 묻어났다. 롤랜드와 일행도 그제야 환호하며 올리비아를 얼싸안았다. 마카사 헌팅업체의 첫 투어에서 낚은 대어에 다들 감격한 기색이었다.

하마가 완전히 물 위로 떠오르는 데까지는 한 시간 정도가 걸린다. 기다리는 동안 다른 하마들은 모두 도망갔는지 더 이상 보이지 않았다. 하마 가족 입장에서는 온 가족이 나들이를 나왔다가 갑

하마 헌팅이 끝난 뒤 미소 짓는 올리비아

자기 아빠가 죽임을 당했으니 황망한 노릇일 것이다. 나이든 수컷만을 사냥한다는 헌터들의 원칙이 정말 남은 가족을 지키고 생태계 보호까지 이어질 수 있는 것일까. 이미 아빠를 잃은 이 가족에게 또 다른 사냥꾼이 방아쇠를 당기는 일은 없을까.

옆구리가 수면 위로 불룩 올라오자, 하마의 몸집이 생각보다 더 크다는 것을 알 수 있었다. 하마의 수명은 40~50년 정도로, 7살이면 성체가 된다. 이 하마는 가장 혈기왕성할 나이인 15~18살 정도로 보였다. 영역 싸움을 하다가 생긴 여러 상처의 흔적이 야생의 치열함을 말해주는 듯했다. 현지인 포터들이 배를 타고 다가가서 녀석의 다리에 밧줄을 감았다. 강 하구로 끌고 가 뭍으로 끌어올리

2장 총을 든 천사, 트로피 헌터

기 위해서다. 인근 마을 사람들이 이 광경을 보기 위해 강가에 줄지어 서 있었다. 랜드크루저에 로프를 연결해 당기자 처음으로 하마의 얼굴이 물 밖으로 모습을 드러냈다. 반쯤 뜬 눈 옆으로 선명한 총구가 나 있고, 코에서는 핏물이 풀럭거리며 뿜어져 나왔다. 올리비아는 팔짱을 끼고 위풍당당하게 이 모습을 지켜보고 있었다. 나뭇가지를 걸어 하마의 입을 벌려 놓고는 또다시 기념 촬영을 이어갔다.

올리비아는 이 하마의 머리나 가죽을 트로피로 가져갈 생각이 없었다. 하마는 뿔이 있는 것도 아니고 미국 내로 반입하는 것도 사실상 불가능하다. 그래서 올리비아는 하마를 잡으면 현지인들에게 그 고기를 나눠주겠다고 공언해놓은 상태였다. 약속대로 하마는 그 자리에서 해체되어 고기와 뼈로 분리되었다. 하구 계곡 일대가 비릿한 피 냄새로 가득 찼다. 올리비아 부부가 SNS 라이브 방송을 켰고, 그 뒤로 무표정한 마을 사람들이 보였다. 역설적인 광경이었다.

이 마을 사람들은 얼마 전까지 (비록 밀렵일지라도) 이 동물들을 잡아 생계를 유지했다. 그러나 동물의 씨가 마르자 사냥 자체가 엄금되었고 이들은 수입원이 사라져 극빈층으로 전락했다. 얼마 후 정부는 비싼 비용을 지불한 외국인 헌터에게만 사냥을 허용해 주기로 했다. 다시 말해, 동물이 죽어나가는 건 마찬가지지만, 현지 주민들의 삶이 나아지는 것은 아니라는 뜻이다. 그리고 외국인들

죽은 수컷 하마를 뭍으로 꺼내오는 사람들(위)
입에 나뭇가지가 괴인 상태로 사진 찍히는 죽은 하마(아래)

은 이들 땅에서 잡은 동물의 고기를 마치 시혜를 베풀듯 나눠준다. 이것은 트로피 헌팅을 주요 수입원으로 삼는 아프리카 국가에서 공통적으로 나타나는 메커니즘이다. 마을 사람들 입장에서는 자신들의 손발을 묶어놓고 헌터의 선심에만 의존하게 된 현 상황이 달가울 수만은 없다.

영장류 연구가이자 UN 평화대사인 제인 구달(Dame Jane Morris Goodall)은 트로피 헌팅이 아프리카 지역사회에 기여한다는 주장에 대하여 단호하게 고개를 저었다.

"헌터들이 지불하는 비용의 대부분은 그들을 사파리에 데려다준 아웃피터(헌팅업체)의 주머니로 들어갑니다. 또 상당한 액수가 부패한 정부 관료에게 흘러들어가는 건 공공연한 비밀입니다. 약간이라도 혜택을 보는 지역 커뮤니티가 있을 수 있지만 결코 많다고 할 수 없는 수준이죠. 그리고 개인적으로는 단 한 번도, 멸종위기종을 보호하려는 모범적인 트로피 헌팅을 본 적이 없습니다."

그날 저녁, 마카사의 식탁에는 이틀 전 잡은 임팔라 고기가 올라왔다. 올리비아 부부와 대표 롤랜드, 그의 두 아들과 며느리까지 모여 하마 사냥을 자축하는 자리였다. 백인들은 화려한 식탁에 앉아 뷔페를 즐기며 와인 잔을 부딪치고, 잠비아인들은 그들의 시중

영장류 연구가 제인 구달의 '휴머니멀' 인터뷰 모습

을 들며 음식을 나르고 있었다. 그것은 얼핏 제국주의 시대의 풍경과도 비슷해 보였다. 헌터의 역할과 사명에 대해 열변을 토하던 올리비아는 촬영이 종료되자 언제 그랬냐는 듯 하마 사냥의 무용담을 펼쳐놓았다. 하마를 발견하지 못할까 봐 걱정하다 마침내 찾았을 때의 흥분, 총을 겨누고 방아쇠를 당기기까지의 숨 막히는 긴장감과 손끝의 떨림, 하마가 총에 맞았다는 확신이 올 때의 짜릿한 기분까지.

그들의 감출 수 없는 표정은 말해주고 있었다. 이 솟구치는 쾌감과 손맛이야말로 트로피 헌팅에 나서는 진짜 이유라는 것을. 야생을 관리하고 아프리카의 동물 자원을 보호한다는 명분은 자신들의 취미를 합리화하기 위한 허울일 뿐임을 말이다.

　　　　　　　　　　　2장 총을 든 천사, 트로피 헌터

헌팅이 야생을
지킨다는 논리

마카사 헌팅업체를 운영하고 있는 롤랜드 역시 헌터들이 야생동물을 돌보고 있다고 강조했다. 이곳을 운영하기 위해 그가 가장 우선적으로 한 일도 밀렵을 방지하는 것이었다. 주민이나 전문 밀렵꾼의 무분별한 밀렵을 막아 동물의 개체수를 충분히 확보해야만 헌팅도 가능하기 때문이다. 마카사가 관리하는 사파리 구역에서 헌터들은 영양, 얼룩말, 하마, 악어, 사자, 표범 등을 자유롭게 사냥할 수 있다. 단, 비용은 꼭 사전납부 해야 하며, 액수는 종의 희소성과 생태계 유용성에 따라 정부에서 결정한다.

"저희가 캠프를 세운 총궤는 지난 15년 간 무분별한 밀렵이 판을 치던 곳이었습니다. 지역 커뮤니티도 엉망이어서, 나라에서도 더 이상 사람이 살 수 없는 곳으로 방치했죠. 그래서 제가 이 지역을 맡아 야생동물이 돌아오도록 만들겠다고 정부를 설득했습니다. 캠프 건립, 현지인 직원 고용, 학교 설립, 부족장들과의 교류를 추진해 마을을 되살렸죠."

롤랜드는 먼저 지역 커뮤니티 사람들을 만나 밀렵을 멈춰야 한다고 설득했다. 이들은 약 4년 동안 50만 개의 올무를 제거했고,

수많은 밀렵꾼을 체포해 경찰에 넘겼다. 한편으로는 농업 캠프를 운영하여 지역민에게 채소와 생선 등의 음식을 제공하기도 했다. 사람들이 농작물을 기르고 물고기를 잡아먹도록 교육해 밀렵의 유혹을 최대한 낮추는 것이 목표였다. 그는 자신이 해온 활동이 야생을 보존하는 일이라는 자부심을 갖고 있었다.

"만약 어느 지역에 굉장히 많은 코끼리가 있다고 합시다. 물론 귀엽죠. 하지만 그 녀석들은 나무와 물을 있는 족족 다 먹어버려요. 그 지역이 감당하기 어려울 만큼 코끼리의 개체수가 많은데 인간이 어떤 조치도 취하지 않는다면 어찌 될까요? 결과적으로 심각한 생태계 파괴가 일어납니다. 필요할 때 자연에 개입하지 않으면 그것도 결국 우리의 책임인 거죠. 이런 문제 요소들을 고려하며 여러 종들의 균형을 유지하는 게 바로 헌터의 역할입니다."

헌터는 자신들만이 진정한 야생의 섭리를 꿰뚫어보고 있다고 강조한다. 올리비아 역시 동물에 대한 감정이입이 얼마나 야생의 실제 속성을 왜곡시키는지를 수차례 얘기했다. 디즈니 만화에서처럼 인간과 교감하는 귀여운 야생동물은 현실에 존재하지 않는다고 말이다. 그녀는 야생을 인간이 인위적으로 관리하고 통제하는 것은 잔인하지만, (인간을 위해) 반드시 필요한 행동이라고 설명한다. 그런데 책이나 TV로만 야생을 접한 사람들이 동물을 의인화하며

2장 총을 든 천사, 트로피 헌터

그런 정당한 행위를 죄악시한다는 것이다.

"야생에서 동물이 죽는 방법은 절대 평화롭지 않습니다. 나이든 사자가 꽃밭에 누워 잠들 듯 죽음을 맞이할 거라는 생각은 잘못된 거예요. 사자는 다른 사자나 하이에나에게 갈기갈기 찢기는 끔찍한 죽음을 맞을 겁니다. 상황이 이런데, 곧 죽을 늙은 사자를 8천 달러를 낸 헌터에게 맡기는 게 뭐가 문제인가요? 어쨌든 고통 속에 죽을 운명인데, 조금 빠른 죽음을 맞이하게 될 뿐입니다. 오히려 그 사자에게 명예로운 죽음을 주자는 겁니다."

과연 이런 발상은 그 자체로 악(惡)인가, 필요악(必要惡)인가. 그 답은 올리비아에게 있었다. 그녀는 결코 자신이 쾌락이나 유희를 위해 동물을 죽인다는 사실을 언급하지 않았다. 그녀의 트로피 헌팅에 대한 논리는 나름의 설득력도 지니고 있다. 헌터는 불가피한 악역을 담당하는 '야생의 관리자'라는 것. 그러나 그런 올리비아도 방아쇠를 당긴 직후의 떨림과 흥분만큼은 감추지 못했다. 그 찰나의 순간 그녀의 입 꼬리에는 분명 짜릿한 미소가 번졌다. 그건 이성의 통제를 넘어선 어떤 본능이었다. 다른 동물의 생명을 자신의 손으로 쥐락펴락하는 능력을 확인하는, 일종의 정복감이었다. 그리고 이것은 트로피 헌팅의 진짜 목적이 무엇인지를 명확히 드러내는 증거였다.

트로피 헌터들의 인증사진

죽이기 위해
키우는
동물들

헌팅은 이미 하나의 산업이 된 지 오래다. 헌터들이 사용하는 총과 총알 등 각종 장비, 헌팅용 아웃도어 의류, 헌팅 투어 전문 여행사, 이들을 소개하는 각종 미디어 등이 결합해 거대한 시장을 형성한다. 특히 올리비아 같은 유명 헌터는 총기 업체가 맞춤형으로 제작해준 총을 사용한다. 총에 붙어있는 조준경의 렌즈는 유명 주얼리 브랜드 스와로브스키가 협찬한 것이다. 그녀가 입는 사파리 복도 간접광고에 해당한다. 그녀의 사냥 모습은 각종 헌팅 전문 잡지에 소개되어 일반인 헌터의 구매 욕구를 자극한다. 2014년 통계에 따르면, 헌팅을 즐기는 인구는 미국 내에만 무려 6,000만 명에 달한다. 이들의 만족스러운 헌팅을 위해 거대한 자본과 인력이 그 뒤를 떠받치고 있는 것이다.

그리고 이 산업에서 발생한 이윤을 주요 수입원으로 삼는 나라는 아프리카에 몰려 있다. 트로피 헌팅으로 발생한 연간 수입은 에티오피아 145만 달러, 잠비아 700만 달러, 탄자니아 3,290만 달러, 짐바브웨 2,000만 달러에 달한다. 그중에서도 남아프리카공화국은 무려 1억 2,000만 달러의 수입을 거둬 트로피 헌팅의 본산으로 불린다.

헌터의 놀이공원, 캔드 헌팅

남아공에 매년 6,000명 이상의 헌터가 몰려드는 데는 이유가 있다. 남아공의 야생동물 상당수가 개인 소유라 허가를 받기가 쉽기 때문이다. 잠비아, 짐바브웨 등 트로피 헌팅을 허용하는 인접 국가들은 헌팅 쿼터를 관리하는 권한이 국가에게 있다. 그러나 남아공에서는 이 권한이 사파리를 소유한 개인이나 사업체에 있다. 즉 민간업자가 자기 땅에 울타리를 치고 그 안에 사는 동물을 헌팅용으로 제공하는 것이다. 이렇게 돈을 버는 사설 사파리가 무려 9,000여 곳에 이른다.

이 업체들이 소유한 사냥감은 야생동물도 일부 있지만, 대다수는 오로지 트로피 헌팅을 위해 길러진 동물이다. 헌터들은 정해진 요금만 내면 어떤 동물이든 사냥할 수 있다. 울타리 안에 갇혀 있는 데다 야생성이 많이 사라진 상태이기 때문에 사냥도 훨씬 쉽다. 낚시터에 일부러 양식 물고기를 풀어놓는 것이나 마찬가지다. 이처럼 사육된 동물을 울타리에 가둔 상태로 사냥하는 방식을, 통조림 캔에 밀폐된 상태에 비유해 '캔드 헌팅(Canned Hunting)'이라고 한다. 우리말로는 일명 '통조림 사냥'이다.

캔드 헌팅은 원래 텍사스의 거대 목장에서 시작됐다. 먼저 목장주가 사냥용으로 영양이나 사자 같은 동물을 들여온다. 사자 머리를 벽에 전시하고 싶지만 원정 비용이 부담인 트로피 헌터를 위해서다. 이들은 아프리카 대신 이 목장을 찾아 1,000달러 가량을 지불하고 사냥에 나선다. 사자 우리 밖에서 헌터의 사격 준비가 끝나면 문을 개방한다. 사람의 손에 길러진 사자는 위험을 감지하는 법도, 적을 피해 도망가는 법도 알지 못한다. 게다가 보통 일주일 정도 굶긴 상태라, 사람을 보면 오히려 먹을 것을 던져주지 않을까 싶어 다가온다. 헌터의 안전을 보장하기 위해 우리에서 풀기 전에 마취를 하는 경우도 많다. 그렇게 우리 밖으로 나온 사자를 헌터는 손쉽게 쏘아 죽인다.

현재 남아공에는 160여 개의 사자 농장이 있고, 약 8,000마리의 사자가 캔드 헌팅 용도로 사육되고 있다. 국립공원 등에서 살아가는 야생 사자의 두 배에 달하는 숫자다.

캔드 헌팅은 무제한의 초원에서 야생동물을 사냥하는 페어 체

캔드 헌팅을 위해 사육되고, 헌터에 의해 죽는 동물들

이스(Fair-chase)보다 한층 더 비윤리적이라는 비난을 받는다. 동물이 헌터를 피하거나 공격할 기회가 완전히 박탈된 상태이기 때문이다. 사냥에 성공할 확률은 100%다. 실력이 없는 헌터도 돈만 내면 자신이 힘센 맹수를 죽였다는 희열을 맛볼 수 있다. 트로피를 얻고 기념사진을 찍을 수 있는 보다 간편하고 확실한 방식인 것이다. 이런 비난을 의식한 탓인지, 헌팅 업계를 대변하는 남아프리카 포식자연합(South African Predator Association)은 "사육된 사자 한 마리가 희생할 때마다 야생 사자 한 마리를 구할 수 있다."고 주장한다. 그러나 이것은 사실이 아니다. 1999년 1,000마리에 못 미치던 사육 사자의 숫자가 2016년 현재 열 배 가까이 증가했지만, 트로피 헌팅으로 목숨을 잃는 야생 사자의 개체수는 줄어들지 않았다(이형주 동물보호운동가, 2017).

그럼에도 캔드 헌팅이 남아공에서 성업 중인 이유는 또다시 경제적 낙수효과로 연결된다. 그 입증되지 않은 신화는 남아공에서도 굳건하다. 캔드 헌팅 업체 운영자이면서 트로피 헌터인 토니 드 브루인 역시 이에 대한 강한 믿음을 드러냈다.

"저희가 캔드 헌팅으로 얻는 모든 것은 이 지역 마을의 몫으로 되돌아갑니다. 마을이 저희에게 필요한 인력을 제공하니 우리도 그 보답을 하는 거죠. 사냥에 반대하는 모든 사람들에게 묻고 싶어요. 그래서 당신이 하는 건 뭡니까? 죽어가는 이 지역의 불쌍한 사람들을 위해서요. 아무것도 안 하잖아요."

그러나 2013년 세계야생동물보호기금(IFAW)의 보고서에 따르면, 헌팅 관광으로 발생한 전체 수입 중 지역사회로 유입된 비율은 고작 3%에 불과하다. 나머지는 정부기관이나 중개인의 호주머니로 들어갔을 뿐이다. 오히려 트로피 헌팅보다 에코 투어(Eco Tour)로 얻을 수 있는 수익이 13배 이상 크다는 통계도 있다. 동물의 희생을 수반하지 않는 방법으로도 얼마든지 지역경제 활성화와 일자리 창출을 꾀할 수 있다는 뜻이다.

트로피 헌팅이
우리에게 남긴 것

물론 과거에도 인간들은 생활을 유지할 수 있는 고기를 얻기 위해서 필요한 만큼 사냥을 하며 살아왔다. 그러나 지금은 많은 트로피 헌터가 오직 그들의 욕망을 위해 야생 깊숙한 곳까지 쉽게 발을 들인다. 그만큼 많은 야생동물이 인간에 의한 생존 위협에 노출되어 있다는 뜻이다. 제인 구달은 트로피 헌팅을 밀렵 못지않게 생태계를 말살하는 행위로 명확히 규정한다.

"부유한 이들이 막대한 비용을 지불하며 아프리카를 상징하는 동물들까지 무차별적으로 사냥하고 있습니다. 그리고 자신들이 하는 행위를 여러 가지 방법으로 합리화하고 있어요. 제가 정말 이해할 수 없는 건, 어떻게 코끼리나 사자 같은 동물을 사냥하는 게 누군가에게 기쁨이 될 수 있냐는 겁니다. 큰 상아를 가진 코끼리는 이미 트로피 헌팅과 밀렵으로 거의 사라졌습니다. 그러다 보니 큰 상아 유전자는 더 이상 후손에 전해지지 않고, 작은 상아를 가진 코끼리들만 살아남게 돼요. 자연의 선택에 의해 종 자체의 형질이 바뀌는 것이지요. 사육되는 사자는 또 어떤가요? 어려서는 젖을 먹여 키우고 관광객의 귀여움을 독차지하다가, 성체가 되면 캔드 헌팅에 내몰려 죽어요. 이미 사람 손을 탄 사자들을 자연에 방생하는 건 불가능한데다가 주인도 그럴 생각이 없죠. 더구나 우리에 갇혀 사육된 사자는 근친교배를 피할 수 없어 유전자의 교란을 가져옵니다. 이 아름다운 동물들은 인간에 의해 점점 궁지로 내몰리고, 아주 빠르게 멸종을 향해 다가가고 있어요."

트로피 헌터들은 야생동물의 가치를 죽음으로 드높인다고 여긴다. 또 트로피를 박제하는 것은 이 동물의 희생을 영원히 기념하는 방법이라고 말한다. 그러나 동물에대한윤리적처우를지지하는 사람들(People for the Ethical Treatment of Animals, PETA)의 부회장인 델시아나 윈더스는 '동물보호 기금을 마련하기 위해 위험에 처한 동물 일부의 생명을 팔자는 논리는, 아동학대를 막기 위해 아이들을 암시장에 팔자는 논리와 같다.'고 일갈했다. 어떤 생명도 전체 종의 보존을 위해서 죽음을 강요받을 수 없다. 인간이 그러하듯 말 못하는 동물도 마찬가지다. 그리고 그 결정권이 우리 인간에게 있을 리도 없다.

트로피 헌팅은 '휴머니멀'이 보여주고자 했던 인간의 잔인한 본성을 가장 극명하게 드러내는 행위다. 자신의 손에 죽어가는 생명을 보며 쾌락을 느끼는 만물의 영장. 이를 코앞에서 확인하는 경험은 우리에게 강한 의구심과 트라우마를 남긴다. 그럼에도 스스로를 대자연의 '수호천사'로 칭하는 이들의 손에는 자기 확신이라는 총 한 자루가 들려 있다. 그 총은 정말 자연과 인간을 위해 불을 뿜는 것일까. 그들이 너무 멀리 가고 있음이 두려웠다. 하지만 이 거리감이 인간에 대한 실망으로 이어지는 건 더욱 두려운 일이다.

3장

전통의 이면,
피로 물드는 바다

수족관 돌고래는
어디에서
왔을까

바다를 작게 한 조각 떼어 육지 위로 들고 오면 아쿠아리움이 되는 것일까. 해양 생물들이 여유롭게 헤엄치는 수조 안을 보면, 이 질문에 대한 답은 '그렇다.'일 것만 같다. 커다란 유리벽 하나 사이로 지상의 인간과 수중의 고래가 서로를 마주보는 경험은 신비롭다. 차원의 문이 열려 아예 다른 세상과 맞닿은 듯이.

하지만 아이들의 시끄러운 목소리가 한바탕 휩쓸고 지나간 뒤, 텅 빈 고요 속에서 바라본 수조 안은 사뭇 다른 이야기를 품은 듯 보인다. 내 눈앞의 저 작은 바다는 과연 낙원일까. 이 안온한 울타리 안에서 지내는 해양 생물들은 정말 평화롭고 행복한 삶을 누리고 있을까. 그 해답을 찾으러 간 곳은 일본의 작은 어촌마을이었다.

타이지의 아쿠아리움을 방문한 돌고래 보호 활동가 팀 번즈

돌고래가 웃고 있다는
착각

일본 남쪽의 와카야마(和歌山) 현에는 태평양과 맞닿은 작은 마을이 줄지어 있다. 이중 타이지(太地)는 인구가 3,500명밖에 안 되는 작은 어촌이지만 그 유명세는 가히 세계적이다. 타이지의 별칭은 바로 '돌고래 마을'. 입구부터 거대한 고래 조형물이 사람들을 반기고, 돌고래 벽화와 귀여운 마스코트가 곳곳을 장식하고 있다. 관광 안내 책자에는 고래박물관과 체험장을 포함한 각종 투어 상품도 소개되어 있다. 그러나 이 마을이 유명해진 것은 영화 〈그랑블루(The Big Blue)〉의 주인공처럼 돌고래와 가족 같은 친밀한 관계를 맺고 살아가서가 아니다. 오히려 그 정반대의 이유다.

2019년 7월, 우리는 타이지 마을 인근 기차역에서 한 남자를 만나기로 했다. 그는 자신을 쉽게 알아볼 수 있을 것이라고 했다. 도쿄에서 출발한 신칸센(일본 고속철도)이 정차하고 플랫폼에 사람들이 쏟아져 나오자, 그 말을 금세 이해할 수 있었다. 185cm의 키에 항아리 같은 몸매의 거구, 덥수룩한 턱수염이 가슴까지 내려온 백인 사나이는 단연 눈에 띄었다. 그의 이름은 팀 번즈(Tim Burns)였다. 그는 돌핀프로젝트(Dolphin Project) 소속의 돌고래 보호 활동가로, 지난 2010년부터 매년 타이지 마을을 찾고 있다.

반갑게 인사를 나누고 함께 마을로 들어가려는데 그가 손을 잡아끌며 말했다. "다른 마을로 가서 짐을 풉시다. 내가 매년 묵는 숙소가 있어요." 그를 따라 타이지에서 차로 15분 거리의 가쓰우라로 향했다. 노란색 외벽이 화사한 호텔은 낡고 좁았다. 그는 자신이 타이지에 묵지 않는 이유를 설명했다. "타이지 마을 사람들이 나를 다 알아요. 내가 나타나면 바로 경찰을 부르거든요." 팀은 타이지 마을의 블랙리스트에 올라 있었다. 그가 제대로 활동하려면 괜한 시빗거리는 피하는 편이 나았다.

타이지 마을은 태평양 연안의 돌고래 10여 종이 지나가는 경로에 위치하고 있다. 이 마을의 어부들은 그 돌고래를 잡아 판매하는 일을 주업으로 삼으며, 팀은 이를 감시하고 국제사회에 알리는 역할을 해왔다. 마을 주민의 불편한 시선은 어찌 보면 당연한 일이 있다. 하지만, 그 말고도 수많은 동물보호단체가 이곳의 돌고래 포획을 비판하고 중단을 촉구해왔다. 이토록 강한 비판과 제재가 가해지는 이유는 바로 유달리 잔인하고 포악한 타이지의 돌고래 포획 방식 때문이다. 이 마을은 그로 인해 오랫동안 불명예스러운 유명세를 얻어왔다.

팀은 타이지 어부들의 포획 방식에 대해 설명했다. 타이지 마을은 1년 중 6개월가량 돌고래 사냥 허가를 받는다. 돌고래 사냥은 전 세계적으로 금지되는 추세에 있지만, 이곳만큼은 예외다. 일본 농림수산성은 전통적인 연례행사라는 이유로 타이지의 고래잡이를 매년 허가해주고 있다. 마을에는 고래잡이에 특화된 어선이 20여 척 있고, 이들은 이 기간 동안 돌고래만을 집중 사냥한다. 10~12월 성수기를 지나고 나면, 연중 포획량이 1,000마리를 훌쩍 넘길 정도다.

선주들은 자신의 배에 많게는 10여 명의 다이버를 태우고 출항한다. 그러다 이동 중인 돌고래 무리를 만나면, 배들이 연합해 돌고래를 연안으로 몰아간다. 겁을 먹고 도망치던 돌고래들이 협소한 만 안쪽에 갇히면 다이버들이 물속에 들어가 직접 포획에 나선다. 그리고 바로 이 과정에서 쉬이 짐작하기 어려울 만큼 잔인한 도륙이 이루어지게 된다.

다음 날 팀과 함께 찾아간 타이지 마을의 고래박물관에는 이미 제법 많은 관광객이 모여 돌고래 쇼를 관람하고 있었다. 팀은

타이지 마을의 돌고래 쇼장을 감시하는 팀 번즈(위)
쇼에 동원된 돌고래들에게 남아 있는 포획과 학대의 상처(아래)

그를 힐끔힐끔 처다보는 박물관 직원들의 시선을 애써 외면하고 주위를 둘러봤다. 돌고래가 포말을 일으키며 공중으로 뛰어오를 때마다 사람들의 환호성이 터져 나왔다.

"이곳에 오는 분들은 돌고래가 수영하는 모습을 직접 볼 수 있죠. 사육사는 돌고래를 사랑하며 그들과 특별한 관계를 구축하고 있다고 말할 겁니다. 하지만 여기는 관객이 스탠드에 앉아서 고래고기를 먹으며 그들이 퍼포먼스하는 걸 관람할 수 있게 해두었어요. 세상에 이렇게 비상식적인 일이 어디 있을까요."

공연장 옆의 기념품점에서는 실제로 고래 고기를 팔고 있었다. 타이지 마을은 얼마 전까지 학교 급식에도 돌고래 고기가 들어갈 만큼 고래 소비에 적극적인 곳이었다. 돌고래 고기에서 수은이 검출된다는 사실이 알려진 이후, 돌고래에서 고래로만 바뀌었을 뿐 여전히 취식의 명맥을 잇고 있다. 꾹 참고 그 모습을 바라보던 팀은 쇼가 끝나자 공연장 뒤쪽으로 걸어갔다. 수족관을 보기 위해서였다. 작은 2층짜리 건물은 나선형 통로를 따라 다양한 각도에서 돌고래를 볼 수 있는 구조였다. 팀은 이곳을 빙빙 도는 10여 마리의 돌고래를 면밀히 관찰했다.

"여기는 일반적인 아쿠아리움에 비해서 훨씬 좁은 수조예요. 당

공연장 바로 옆에서 판매되고 있는 고래 고기

연히 돌고래들에게는 너무 가혹한 환경이죠. 그래서 매년 여기 올 때마다 돌고래들의 상태를 체크해요. 지금도 두 마리 정도는 정형 행동(격리 또는 폐쇄 상태에서 같은 행동을 무의미하게 반복하거나 같은 장소를 계속 왕복하는 정신 질환. 사람뿐 아니라 동물에게도 나타난다.)을 해요. 저렇게 머리를 벽에 부딪치거나 주둥이로 물을 튀기는 행동을 하는 거죠. 이런 돌고래들은 이대로 두면 정말 위험합니다."

수족관 바로 앞 바다에는 예닐곱 개의 가두리가 줄지어 있고, 그 안에도 돌고래들이 2~3마리씩 들어 있었다. 한눈에 봐도 이 고래박물관의 돌고래는 30여 마리가 족히 넘었다. 모두 타이지 어부의 포획물이었다. 타이지 시에서 운영하는 이 박물관도 하나의 돌고래 보관소로 활용된다고 했다. 잡힌 고래 중 가장 영리하고 젊은 녀석들을 골라 돌고래 쇼 훈련을 시키고, 여기서 낙오한 녀석들은 가두리나 수족관으로 보내진다. 다른 나라로 팔려가지 않으면 폐사될 때까지 이곳에서 전시용으로 살아야 하는 운명이다. 팀은 이런 돌고래에 대한 인간의 착각을 강한 어조로 지적했다.

"사람들은 아쿠아리움의 돌고래가 사육사의 정성스런 관리를 받으며 안락하게 지낸다고 여깁니다. 그 돌고래가 행복하다고 착각해요. 더구나 돌고래나 벨루가 같은 동물들은 입 꼬리가 자연스럽게 올라가는 외모라 웃고 있다고 생각하죠. 절대 아닙니다. 돌고래는 지금 잔인한 방법으로 잡혀 와 가족을 잃고 갇혀 있는 거예요. 이 녀석들은 그 경험을 잊지 않고 있어요. 물론 여기 와서 사육사와 교감하고 그들에게 의지할 수 있죠. 먹이를 주고 애정도 쏟아주니까요. 하지만 교도소의 간수가 잘 대해준다고 죄수가 교도소에 평생 있고 싶어 한다는 뜻은 아닙니다. 단지 포기하고 이 좁은 상자 안에 적응하거나, 그렇지 못하거나만 있을 뿐이죠. 바다에서 30년 넘게 살 수 있는 돌고래가 수족관이나 가두리에서는 고작 4~5년밖에 살지 못합니다. 돌고래로 돈을 버는 사람은 절대 이 숫자를 입에 올리지 않아요. 이게 바로 1년에 20,000km를 헤엄치는 이 활동적인 동물을 좁은 우리에 가둬둔 결과입니다."

타이지 마을에는 고래박물관 말고도 두 군데 정도의 더 큰 가두리 시설이 있다. 모두 포획한 돌고래를 가둬두기 위한 것들이다. 아직은 적막한 이 마을의 부둣가도 곧 정신없이 분주해질 것이다. 돌고래 사냥 개시가 두 달밖에 남지 않았기 때문이다.

바다를
피로 물들이는
어떤 전통

국제포경위원회(International Whaling Commission, IWC)는 지난 1986년 고래자원의 보호를 위해 상업포경을 전면 금지하는 조치를 취했다. 그러나 크기가 작은 돌고래는 포경 금지의 예외 대상이다.(몸길이 4~5m 정도를 기준으로 해서 그보다 작은 종은 돌고래, 큰 종은 고래라고 한다.)

현재 타이지 연안에서 포획이 허용된 고래는 큰돌고래, 들쇠고래, 큰코돌고래, 고양이고래, 낫돌고래, 줄무늬고래, 범열대알락돌고래, 뱀머리돌고래, 흑범고래 등 10여 종이다. 타이지 앞바다를 지나가는 작은 고래는 사실상 모두 잡을 수 있다. 더구나 일본 정부는 사냥할 수 있는 돌고래 쿼터를 매년 2,000마리 가까이 허용해

주고 있다. 6개월에 잡을 수 있는 숫자로는 제한이 없는 것이나 마찬가지다.

천막으로
가려지지 않는 것들

팀 번즈는 미국 올랜도에서 인쇄업체를 운영하는 평범한 사업가다. 그러나 2009년 릭 오베리(Ric O'Barry, 돌핀프로젝트 설립자)의 다큐멘터리 〈더 코브(The Cove)〉를 우연히 본 후부터 그의 삶은 완전히 달라졌다. 처음으로 세상에 공개된 타이지의 실태에 큰 충격을 받고, 돌고래 보호 활동에 투신하게 된 것이다. 돌핀프로젝트에서 월급 한 푼 받지 않지만, 사냥철이 되면 그는 생업을 제쳐두고 일본을 찾는다. 매년 3개월씩을 이곳에서 보내며 돌고래 포획 실태를 감시한 지가 어언 10년째다.

타이지의 사냥철이 시작되고 한 달여가 지난 10월 초, 다시 만난 팀의 표정은 밝지 않았다. "어제도 돌고래가 다섯 마리나 죽었어요. 여러분을 오랜만에 보니 반갑지만 도저히 웃을 기분이 안 나네요." 피의 계절이 돌아왔음을 직감할 수 있었다.

타이지 마을 한복판에는 낮은 언덕이 있다. 이 언덕 꼭대기에서 내려다 보면 어선들이 나가는 항로가 한눈에 보인다. 무엇보다 언덕 바로 아래쪽이 돌고래들을 몰아 가둔 후 포획하는 '만(cove)'

이다. 배들이 이 앞까지 들어오는 게 보이면, 그날은 돌고래 몰이에 성공했다는 뜻이다. 팀은 매일 새벽 5시부터 이 언덕에서 고래잡이 어선들을 감시한다. 그는 배가 출항하지 않아도 혹시나 하는 마음에 점심까지 이곳에 머무르며 상황을 관찰한다. 날씨가 좋아 배가 출항하면 매 순간 초긴장 상태로 대기해야 한다. 언제 돌고래를 몰고 돌아올지 모르기 때문이다.

그러나 팀의 감시활동이 순탄하기만 할 리 없었다. 그는 타이지 주민들의 생계활동을 방해한다는 혐의로 현지 경찰의 블랙리스트에 올라 있기 때문에, 그가 마을에 들어서면 깜깜한 새벽이라도 즉시 경찰차가 따라붙는다. 오전 감시활동을 끝내고 불시에 다시 타이지를 찾아도 5분 만에 경찰이 나타난다. 팀이 마을 안에 있는 한 2인 1조의 경찰이 2~3m 거리에서 항상 그를 주시한다. 한 명은 타이지 경찰서에서 나온 인원이고, 다른 한 명은 와카야마현 경찰청에서 파견 나온 인원이었다. 공식적으로는 마을 사람들의 위협이나 협박으로부터 팀을 보호한다는 명분이라지만, 그는 헛웃음을 지으며 지자체 차원에서 자신과 같은 활동가를 눈엣가시처럼 생각하는 게 이해는 된다고 했다.

팀은 직접 드론을 띄워 어선과 해안을 감시하는데, 경찰들은 팀의 작업 모습을 핸디캠으로 촬영한다. 꼬투리를 잡히지 않기 위해 팀은 드론의 일본 내 비행 면허를 합법적으로 취득했다. 그럼에도 경찰은 드론이 비행 제한 고도를 넘지 않는지, 허용 거리 이내

로 어선에 바싹 다가가지 않는지 계속 체크했다. 불법 행위를 범한 것으로 판명나면 외국인인 그는 바로 추방될 수 있다. 그럴 경우 일본 입국이 아예 금지될 수 있어 주의해야만 했다.

경찰은 제작진 모두에게도 신원 설명서 작성을 요구했다. 개인 신상 정보 외에도 타이지 마을에 온 목적, 고래 사냥에 대한 의견 등 질문이 빼곡했다. 제작진은 촬영 스태프가 모두 노출되는 걸 피하기 위해 두 조로 나눠서 팀을 따라다녔는데, 멤버가 바뀐 걸 알면 득달같이 신원조사를 추가했다. 경찰의 말투나 행동은 조금도 위압적이지 않고 외려 공손했으나, 그 뒤에 경계심과 반감이 숨어 있다는 것은 분명하게 느낄 수 있었다. 혹 조금이라도 문제가 생기면 팀에게도 피해가 갈 수 있기 때문에, 늘 조심스럽게 상황을 지켜봐야만 했다.

이 시기에 타이지 일대는 태풍의 영향권에 있어 날씨가 좋지 않았다. 그런 날은 배가 출항하지 않아서, 팀은 분무기처럼 흩뿌리는 비를 맞으며 정박된 어선들을 지켜보다 돌아오기를 반복했다. 그러다 며칠만에 날이 갠 어느 새벽, 유달리 선창가가 분주해 보였다. 망원경으로 들여다 보던 팀의 얼굴이 확 굳어졌다. "오늘은 나가려나 보군." 잠수복을 입은 사람들이 작은 보트를 타고 고래잡이 어선으로 향하고 있었다. 출항이었다.

줄지어 5척의 어선이 방파제를 빠져나가 바다로 향했다. 어디까지 가는지는 알 수 없었다. 그저 빈손으로 돌아오길 바랄 뿐이었

다시 찾은 타이지 마을에서 인터뷰 중인 팀 번즈와 제작진

다. 드론이 쫓아갈 수 없는 거리로 배가 사라지자, 팀이 덥수룩한 수염을 만지작거리며 입술을 잡아 뜯었다.

두 시간이나 지났을까? 어선들이 하얀 점으로 다시 보이기 시작했다. 팀은 급하게 드론을 띄웠다. 어선 앞으로 물살을 가르며 헤엄치는 돌고래 떼가 보였다. 엔진 소리에 놀라 배들을 피하려다 보니, 녀석들은 자신도 모르는 사이에 만 쪽으로 내몰리고 있었다. 돌고래는 가족 간의 유대 관계가 강한 동물이라 흩어지지 않고 함께 도망친다. 어부들 입장에서는 몰이에 용이한 습성이다. 용케 마지막 갈림길에서 포위를 벗어난 녀석들을 빼고도 10여 마리의 돌고래가 만 안쪽 바위절벽까지 들어왔다. 잠수부들이 작은 보트에 갈아타고 그물망을 펼쳐 퇴로를 막았다. 만 위쪽에도 마을 주민 10

여 명이 돌고래를 맞을 준비를 하고 있었다.

돌고래들은 본능적으로 죽음의 위기를 아는 듯했다. 물 위로 펄쩍 펄쩍 뛰며 저항을 해보아도, 돌고래는 이내 그물망에 걸려 오도 가도 못하는 신세가 된다. 잠수부는 그물에 걸린 돌고래를 잡아 거칠게 물속으로 처넣었다. 기력을 쇠하게 한 후 돌고래를 생포용과 도축용으로 분류하기 위해서다. 심하게 저항하던 녀석은 보트 사이를 뚫고 지나가려다 프로펠러에 몸이 끼어 죽기도 했다. 이를 보고 겁에 질린 다른 돌고래가 바위 위로 뛰어올라 펄떡대기 시작했다. 어부들은 돌고래들이 날카로운 화산암 표면에 온몸이 긁혀 피가 나도 개의치 않아했다. 팀은 이를 패닉에 의한 '자해'라고 주장했다. 가족이 눈앞에서 죽거나 다치는 광경을 목격하고 극심한 충격에 빠져 삶을 포기하는 행위라는 것이다. 학계에서 공인된 것은 아니지만, 행동신경학자이자 돌고래 전문가인 로리 마리노(Lori Marino)에 의하면 돌고래는 '성장장애(failure to thrive)'에서 기인하는 자살을 시도할 수 있다고 한다. 갇힌 상태에서 오는 스트레스 때문에 성장장애를 일으킬 수 있고, 극한의 상황에서는 자살을 계획하고 이행할 능력이 있다는 뜻이다(허핑턴포스트. 2014).

최근 돌고래 고기의 소비가 급감하면서 생포의 비중이 늘어났다. 어부들은 나이가 젊고 몸이 유선형인, 예쁜 돌고래를 골라낸다. 그리고 이 녀석들만 배에 묶어 끌고 가 가두리에 가뒀다가, 해외 아쿠아리움에 판매한다. 모두를 살려두는 건 가두리의 수용 규

돌고래를 몰고 와 만에 가두는 모습(위)
가두리에 가둔 돌고래를 도살하는 장면(아래)

모와 관리 비용 때문에 불가능하다. 이제 이 만을 '킬링 코브(killing cove)'라고 불리게 만든 잔인한 도축이 시작될 차례였다.

"이 돌고래들은 세상에서 가장 잔인한 방식의 '몰이사냥(drive hunt)'으로 포획되어 온 녀석들입니다. 몰이라는 게 원래 거칠고 공격적이긴 하지만 타이지의 몰이 방식은 그중에서도 가장 잔인하죠. 포획하는 데서 멈추는 게 아니라 죽이는 행위까지 동시에 하고 있잖아요."

예전에는 돌고래를 작살과 쇠꼬챙이로 찔러 죽이면 피가 쏟아져 나와 순식간에 일대 바다가 시뻘겋게 물들었다. 타이지에서 '피바다'라는 표현은 비유가 아닌 실제였다. 팀과 같은 활동가들이 이 살풍경을 세상에 공개하자 국제적인 비난 여론이 일었다.

그러나 타이지 어부들은 이를 중단하거나 개선하지 않았다. 이들은 오히려 잔인하게 고래를 죽이는 장면이 외부에 노출되는 걸 막기 위해서 만 위에 넓은 천막을 쳤다. 어부들은 이미 상처를 입고 퍼덕대는 돌고래들을 이 천막 밑으로 끌고 들어갔다. 그리고 긴 쇠꼬챙이를 돌고래 등 윗부분에 깊숙이 찔러 넣어 척수를 끊은 뒤, 나무 막대기로 급히 그 구멍을 막았다. 피에 대한 비난 여론을 의식하여, 바깥으로 피가 흘러나오는 걸 최대한 막기 위한 조치였다.

그러고 나면 어부들은 돌고래를 뒤집어 분수공(숨구멍)에 물이

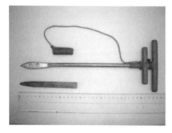

돌고래 도살에 사용하는 쇠꼬챙이와 나무 막대기 ©핫핑크돌핀스

들어가 익사할 때까지 내버려둔다. 몇 분 후 돌고래들은 힘없이 물위로 둥둥 떠오르기 시작한다. 어떤 돌고래는 길게는 30분까지 고통 속에 몸을 부들부들 떨다가 죽음을 맞이한다. 이렇게 도살된 돌고래만 지난 2년간 545마리. 활동가들은 돌고래가 잡혀와 죽는 날을 '레드 데이(Red Day)'라고 불렀다. 바닷물이 붉은 피로 물드는 날이란 의미였다. 이날, 바다는 여전히 파랗고 맑았지만 사실상 레드 데이였다. 타이지 마을의 사냥은 진화하고 있었다.

팀은 이 잔인한 살육 현장을 드론으로 어렵사리 담아냈다. 성실한 감시활동을 증명이라도 하듯, 그의 노트북에는 수백 기가에 이르는 돌고래 사냥 촬영본이 빼곡히 들어차 있었다. 돌고래가 어떤 과정을 거쳐 아쿠아리움에 오게 되는지, 그 진상이 고스란히 담긴 영상이었다. 그는 이를 통해 전 세계 사람들이 돌고래가 잡혀오는 과정을 적어도 정확하게 알았으면 한다고 했다.

타이지 주민들은 돌고래 사냥이 80년 이상 전해져 온 전통이라며, 멈추거나 바꿀 뜻이 없음을 명확히 했다. 이방인이 자신들을 감시하고 국제적인 분쟁의 소재로 삼는 것에 노골적인 적개심도 드러냈다. 돌핀프로젝트의 설립자 릭 오베리는 〈더 코브〉의 방영 이후 일본 입국이 금지됐다. 팀 역시 미상의 일본인들로부터 수차례 살해 협박을 받아왔다. 경찰이 그의 신변을 보호한다며 따라다니는 것은 이 때문이기도 했다. 그렇게 온갖 위험과 압박을 견디면서도, 그는 천막 너머의 진실을 기록하고 있었다.

"제가 감시를 해온 지난 10년간 타이지 마을에서 잡히거나 죽은 돌고래는 9,000~10,000마리 정도 됩니다. 제가 전체 사냥 기간의 절반인 3개월씩 머무르니까 대략 5,000마리 정도가 사냥당하는 걸 본 셈이군요. 참 많네요……. 그런데 그렇게 많이 봐도, 적응이 안 돼요. 돌고래가 피를 흘리면서 죽어가는 모습은……. 이게 정말 떳떳한 전통이라면 갑자기 천막은 왜 치나요? 그런다고 모든 게 가려지는 건 절대 아니잖아요."

페로제도의 그라인다드랍(Grindadrap)

고래를 집단 살육하는 문화는 일본에만 있는 게 아니다. 최소 16세기부터 지금까지 피의 전통을 이어온 또 다른 곳은 '북유럽의 보석' 덴마크령 페로제도(Faeroe Is.)다.

페로제도는 제주도보다 작은 넓이에 고작 인구 5만 명인 고요

페로제도의 고래사냥 축제 그라인다드랍

해안가로 몰려온 들쇠고래와 들쇠고래를 갈고리로 채가는 사람들

한 섬이지만, 7~8월만 되면 온 마을이 시끌벅적해진다. 축제가 벌어지는 날이면 마을 사람들은 뵈우르(Bøur) 해안가에 삼삼오오 모여 무언가를 기다리기 시작한다. 관광객으로 보이는 사람들도 적지 않다. 이날도 10여 척의 배가 소란스럽게 해안가로 들어오면서 분위기가 달뜨기 시작했다. 배가 몰고 온 것은 스무 마리가 훌쩍 넘는 들쇠고래 떼였다. (들쇠고래는 몸길이 5~7m에 이르는 작은 고래로, 습성은 대형 고래와 비슷하지만 참돌고래과로 분류된다.) 어부들은 매년 여름 페로제도 연안을 지나가는 들쇠고래를 기다렸다가 마을 연안으로 몰고 온다. 타이지 마을과 비슷한 방식이다.

　　뱃사람들이 내는 고함소리와 물건 두드리는 소리에 놀란 고래들이 해안가 근처까지 올라와 첨벙댔다. 그러자 사람들이 환호성을 지르며 일제히 바다로 뛰어 들어갔다. 그들은 순식간에 고래를 에워싸고는 'ㄱ'자 모양으로 꺾인 커다란 갈고리를 고래의 정수리에 꽂아 넣었다. 한 치의 망설임도 없었다. 여기저기서 고래들이 '삐익!' 하는 비명을 질러댔다. 마을 앞바다는 순식간에 고래들의 피로 물들며 아수라장으로 변했다. 사람들은 갈고리 끝에 달린 굵은 밧줄을 잡아끌어 마지막으로 저항하는 고래를 거칠게 육지로 끌어올렸다. 그러고는 '그라인다크뉘부르'라고 불리는 날카롭고 작은 칼로 고래의 머리 위를 절반 넘게 잘라내 숨통을 끊어버렸다. 고래들은 눈앞에서 친구들이 죽어가는 것을 뻔히 보면서도 속절없이 당하고 말았다. 수십 마리의 고래가 떼죽음을 당하는 데에는 20분도 채

그라인다크뷔부르로 머리가 잘린 들쇠고래 © Sea Shepherd(위)
들쇠고래의 무자비한 죽음을 천진하게 지켜보는 아이들(아래)

걸리지 않았다. 바다는 이미 핏빛으로 변한 지 오래였다. 사람들은 피범벅이 된 채로 죽은 고래를 나르고 만지며 수다를 떨었다. 관광객들은 기념사진을 찍고, 어린 아이들은 머리 잘린 고래 위에서 장난을 쳤다.

페로제도 자치정부는 매년 여름 고래사냥을 허용해왔고, 페로의 주민이라면 누구나 여기에 참여할 수 있다. 이 고래사냥을 사람들은 '그라인다드랍(Grindadrap)'이라고 부른다. 이 기간 동안 마을에서는 고래 페스티벌이 열려, 방문객에게 싱싱한 고래 고기를 값싸게 제공한다. 말 그대로 '피의 축제'가 벌어지는 셈이다.

이 공개적이고 잔인한 살육 방식이 알려지며 전 세계는 큰 충격에 빠졌다. 이를 비난하는 여론이 거세게 일었으나, 페로인들은 오히려 강하게 반발했다. 이 축제를 수백 년간 전통으로 이어온 데에는 나름의 이유가 있다고 믿기 때문이었다. 고래축제 이사회 임원 존 윌리엄 요한슨의 말은 정확히 이를 대변했다.

"고래 고기는 저희에겐 하나의 전승된 문화 같은 겁니다. 페로제도의 원천 같은 존재죠. 척박한 자연에서 터득한 이치이며, 저희 삶의 일부예요. 아마 적게 잡아도 600~700년은 된 전통일 겁니다."

이 축제의 기원은 페로제도의 지리적 환경과 깊은 연관이 있다. 과거 외딴 섬으로 교통이 열악했던 페로제도의 경우 유럽 본토나 영국과의 무역이 사실상 불가능했다. 다양한 식재료를 구하기 힘든 섬 주민들이 단백질을 섭취할 수 있는 유일한 수단은 고래였다. 주민들은 소금에 절이거나 말린 고래 고기를 먹으며 긴 겨울을 났다. 생명의 존엄성에 대한 개념이 아예 없던 시절의 불가피한 생존법이었던 것이다.

그러나 현대에 접어들어 교역로가 열리고 먹을거리를 마음껏 구할 수 있게 되었는데도, 그라인다드랍은 여전히 매년 개최되고 있다. 이 두 달 사이에만 수백 마리의 들쇠고래가 도살당하지만 페로인들은 이를 하나의 유서 깊은 카니발 정도로 생각하는 분위기다. 이들은 페로제도 인근에만 10만 마리 정도의 들쇠고래가 살기 때문에 이 정도의 개체수 감소는 별 영향이 없다고 강변한다. 페로제도는 덴마크령이긴 하지만 외교권을 포함한 자치권을 가지고 있어 유럽연합(EU)의 포경금지법이 적용되지 않는다. 그래서인지 각국의 미디어가 그라인다드랍을 취재하는 것에 대해서도 예민해 하는 기색이 전혀 없었다. 현지인 청년은 고래 피가 튄 얼굴로 해맑게 웃으며 인터뷰에 응했고, 제작진이 카메라를 들고 고래 사체에 다가가는 걸 제지하는 사람도 없었다. 그들 스스로 이 풍습이 조금도 야만적이거나 비윤리적이라고 생각하지 않기에 가능한 일일 것이다.

그러나 시셰퍼드(Sea Shepherd) 등 동물보호단체는 그라인다드랍을 지구상에 존재하는 가장 야만적인 동물 학대라고 규정하고

인류학자 재레드 다이아몬드의 '휴머니멀' 인터뷰 모습

있다. 이벤트나 게임의 성격을 지닌 무의미한 학살인데다 고래를
죽이는 방식이 공개적이고 잔인하다는 이유에서다. 이들은 매년
페로제도에 잠입해 그라인다드랍의 사진을 찍어 전 세계에 공개하
고 있으며, 페로제도 주민들에게 발각되어 섬에서 추방당하는 등
강한 긴장 관계를 형성하고 있기도 하다. 동물에 대한 집단 학살을
정말 전통이라는 이름으로 합리화할 수 있는 것일까. 어쩌면 그들
은 단지 전통이라는 이름으로 스스로에게 집단 최면을 걸고 있는
것은 아닐까.

　《총, 균, 쇠》의 저자로 유명한 인류학자 재레드 다이아몬드(Jared
Diamond)는 인간이 어떤 문화의 영향을 받고 어떤 동기를 부여받
는지에 따라 동물을 죽이는 행위를 다르게 받아들인다고 설명한다.

"전통이라고 주장하는 행위들이 실제 오랜 경험의 일환인 경우도 있습니다. 하지만 30여 년밖에 되지 않았다면 그건 전통이라고 볼 수 없겠죠. 사람들이 고래를 죽이는 데는 많은 이유가 있습니다. 1차적으로 경제적인 이유가 있을 테죠. 하지만 그런 걸 떠나서 심리적으로는 일종의 '반감' 같은 게 작용합니다. 고래를 죽이지 말라고 종용하면 오히려 더 죽이는 게 그런 이유일 수 있죠. 뭔가를 하지 말라고 제지당하면 오히려 그 행동이 하고 싶어지는 측면이 분명히 있으니까요."

페로제도의 전통을 보면 많은 유사한 이미지들이 떠오른다. 소에 칼을 꽂아 죽이는 모습을 관람하며 열광하는 스페인의 투우, 억지로 살찌운 돼지를 도살해 퍼레이드를 벌이는 대만의 성스러운 돼지 축제, 며칠 굶긴 양식 산천어 80만 마리를 맨손으로 잡는 우리나라의 산천어 축제까지……. 동물의 종류와 크기는 달라도 이들을 대하는 인간의 태도는 동일하다. 동물을 하나의 '생명'이 아닌 유희의 '도구'로 대한다는 점, 그리고 이런 전통이 단순한 경제적 효과를 넘어 하나의 문화적 다양성으로 인정받기를 원한다는 점까지 말이다. 이 잔인한 집단 무의식은 그 뿌리가 생각보다 깊고, 거센 자기보호본능을 동반한다. 그렇기에 바다가 붉게 물드는 일도 계절이 돌아올 때마다 또다시 반복될 것이다. 전통이란 이름 뒤에 숨는 한, 인간은 쉽게 바뀌지 않을 것이므로.

비좁은 세상에 갇힌
돌고래의 삶

2019년 10월 와카야마현 지방법원에서는 조금 희귀한 재판이 열렸다. 일본의 동물보호단체 LIA(Life Investigation Agency) 소속 활동가 렌 야부키는 타이지 마을의 돌고래 몰이사냥을 금지해달라는 소송을 제기했다. 그는 이 사냥 방식이, 동물의 불필요한 살상을 금하고 불가피할 경우에도 고통을 최소화하도록 규정한 일본의 동물보호법을 위반하고 있다고 밝혔다. 제작진이 그를 만난 날은 그 1심 판결이 나오는 날이었다.

저 멀리 법원에서 제법 키가 큰 반백의 사내가 배낭을 메고 걸어 나왔다. 조금은 허탈한 표정의 렌이었다. 현지 미디어들도 이 문제적 소송에 관심이 있는지 그에게 달라붙어 결과를 물었다. 결과는 소송 각하였다. 이 소송은 결국 돌고래의 행복추구권과 관련된 사안인데, 이를 대리인(인간)이 진행할 수 없다는 취지에서 소송 요건이 성립되지 않는다는 결정이었다. 한마디로 돌고래가 직접 재판정에 나와 자신들이 받은 고통을 증언해야만 소송이 가능하다는 뜻이었다. 이를 담담히 설명하고 렌은 법원을 나섰다.

"이곳은 타이지 마을이 속한 와카야마현 지방법원이기 때문에 애초부터 소송이 쉽지 않을 것임을 알고 있었습니다. 하지만 피해자가 동물일지라도 직접 고소를 해야만 소송이 성립한다는 건 사실상 피해를 인정할 수 없다는 뜻이죠. 이건 동물을 보호하고 대변하려는 모든 사람과 단체의 활동을 무의미하게 만드는 판결입니다. 그럼에도 실망하지 않고 다시 소송을 준비할 겁니다. 다른 지방법원이나 상급 법원으로 가는 한이 있더라도, 이렇게 일본의 상황을 알리는 건 꼭 필요한 일이니까요."

법원을 나선 그는 바로 기차를 타고 타이지 마을로 향했다. 렌은 과거 이 마을의 주민이었다. 그러나 돌고래 포획에 반대하는 목소리를 내기 시작하면서 더 이상 그곳에 머물기 힘들어졌다. 그는 아무 연고도 없는 나가노로 거처를 옮겨 활동을 지속해오다가, 간만에 타이지로 향할 결심을 했다. 오랜 친구인 팀 번즈를 만나 감시 활동에 합류하기 위해서였다. 차창 밖을 내다보는 그의 눈이 철길 옆 바다를 향했다.

타이지 마을의 가두리들은 다시 번잡한 시즌을 맞고 있었다. 돌고래가 팔리면 가두리에서 꺼내고, 어선들이 다른 돌고래를 잡아오면 그 자리에 채워 넣는 일이 반복됐다. 돌고래는 자신과 가족의 죽음을 인지할 수 있는 지능을 가진 동물이다. 그러나 이곳에 잡혀온 돌고래들은 바다에서 가족이 죽는 걸 생생하게 지켜본 뒤 그 정신적 충격을 추스를 새도 없이 좁은 감옥에 갇히게 된다. 이렇다 보니 가두리 적응에 실패해 우울증과 거식증 등의 증상을 보

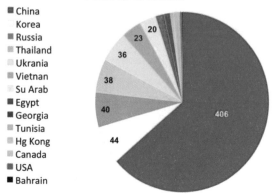

**Exportation of 639 Dolphins Alive from Japan
From 2010 to 2017**

- China
  Korea
- Russia
- Thailand
  Ukrania
- Vietnan
  Su Arab
- Egypt
- Georgia
- Tunisia
  Hg Kong
  Canada
- USA
- Bahrain

20
23
36
38
40
44
406

Source: Finance Ministry of Japan (http://www.customs.go.jp)

2010년부터 2017년까지 일본 포획 돌고래 639마리 수출 현황

이다 폐사하는 돌고래 수가 적지 않다.

가로세로 15m 크기의 가두리에서 살아남는다 해도 문제는 계속된다. 돌고래의 피부는 자외선 노출에 약해서 햇빛이 강한 날은 수심 20~30m 깊이로 잠수해야 하는데, 가두리에서는 그게 불가능하다. 물밑으로도 그물망이 쳐져 있어 10m 깊이 이상 아래로 내려갈 수가 없다. 그래서 포획된 돌고래는 자연 상태에서 보기 드문 화상과 피부 질환을 겪는 경우가 많다. 잔인한 포획 과정에서의 상처로 온몸에 흉터가 생긴데다, 사람과의 접촉으로 세균 감염 가능성도 높아지기 때문이다. 이렇다 보니 사육사들은 돌고래의 질병과 스트레스를 줄이기 위해 먹이에 항우울제와 항생제를 투여한다. 또한 야생에서는 돌고래들이 살아 있는 생선으로 수분을 섭취하지만 가두리 안에서는 죽은 물고기를 먹기 때문에 젤라틴이나 물을 따로 섭취해야 한다. 자연히 사람의 손에 의존하며 야생성이 말살되고, 이는 돌고래를 정신적으로 더욱 무기력하게 만든다. 돌고래가 가두리 안에서 사육사들의 극진한 보호를 받으며 안락하게 지낸다는 생각은 머릿속 환상에 불과하다.

그렇다면 가두리 수십 개에 가둬둔 이 많은 돌고래는 어디로 팔려갈까? 당연히 전 세계의 아쿠아리움과 수족관이다. 중국, 러시아, 태국, 우크라이나, 심지어 우리나라도 주요 수입국 중 하나다. 지난 2010년부터 2017년까지 8년 동안 총 639마리의 타이지 돌고래가 14개국으로 팔려나갔다. 이중 중국은 전체 돌고래의 64%를 사들여 압도적 1위를 기록했다. 경제 규모가 폭발적으로 증가하며 지방 도시들마다 대형 아쿠아리움을 짓는 게 유행한 탓이었다. 그리고 타이지 마을은 이들에게 돌고래를 공급하는 독과점 업체다.

부끄럽게도 우리나라는 2위를 기록했다. 2002년부터 2013년까지 통계에서는 4위였으나 2010년부터 2017년까지 44마리를 수입해 두 계단 상승했다. 아직도 우리나라 수족관에는 타이지에서 수입된 돌고래 25마리가 살아가고 있다(핫핑크돌핀스, 2019).

이렇게 돌고래를 팔아서 타이지 마을은 얼마나 많은 수입을 거두는 것일까? 이를 짐작케 하는 액수가 우리나라의 사례에서 나

국내 수족관 사육 고래류 현황

2019년 10월 기준/핫핑크돌핀스 작성

업체명	종수	포획지	반입경로	비고
울산 고래생태체험관	큰돌고래 4	일본(다이지)	수입	전시·공연
	큰돌고래 2		수족관 번식	전시·공연
제주 퍼시픽랜드	남방큰돌고래 1	한국(제주)	불법포획	전시·공연
	혼종 2		수족관 번식	전시·공연
	큰돌고래 2	일본(다이지)	수입	전시·공연
				서울대공원 기증
제주 마린파크	큰돌고래 4	일본(다이지)	수입	전시·체험
한화 아쿠아플라넷 제주	큰돌고래 6	일본(다이지)	수입	전시·공연
한화 아쿠아플라넷 여수	벨루가 3	러시아	수입	전시·연구
거제씨월드	큰돌고래 9	일본(다이지)	수입	전시·체험
	벨루가 4	러시아	수입	전시·체험
롯데월드 아쿠아리움	벨루가 1	러시아	수입	전시·공연
총 7곳	총 38마리			

국내 수족관 사육 고래류 현황

왔다. 2017년 울산 남구에 있는 고래생태체험관이 타이지 돌고래를 수입하면서 사용한 예산이 공개된 것이다. 돌고래 2마리의 구매 비용만 9만 달러에 이송 비용을 포함한 총 액수는 무려 한화 2억 원이었다. 타이지 마을은 돌고래 한 마리를 판매하면 5,000만 원 정도의 수입을 올릴 수 있다. 그토록 국제적 비난을 받으면서도 타이지의 어부들이 돌고래 사냥을 멈추지 않는 이유를 짐작해볼 만하다.

　　　　　　　　3장 전통의 이면, 피로 물드는 바다

그러나 이렇게 수족관으로 팔려 간다고 돌고래의 상황이 나아지는 것은 결코 아니다. 2억 원의 비용을 지불하고 울산으로 데려온 돌고래 두 마리 중 한 마리는 닷새 만에 폐사하고 말았다. 이들은 일본을 떠난 지 32시간 만에 울산에 도착했다. 총 이동

2017년 울산으로 이송 중인 타이지 돌고래 ⓒ동물권단체 케어

거리는 뱃길 700km에 육로 300km를 더해 1,000km에 달했다. 이 고래생태체험관에서는 2010년부터 이미 5마리의 돌고래가 폐사했고 그중에는 태어난 지 한 달이 안 된 새끼도 포함돼 있었다. 돌고래 다섯 마리가 생활하기에 비좁은 수족관 넓이, 각종 전시나 체험에 동원되는 피로도, 열악한 관리 여건 등이 복합적으로 작용한 결과였다. 다른 수족관이나 아쿠아리움의 환경도 크게 다르지 않다.

칼럼니스트 변태섭은 카이스트의 〈과학향기〉에서 "결론부터 말하자면 수족관에 갇힌 돌고래의 삶은 재앙에 가깝다. 야생에서 돌고래는 하루 100km를 자유롭게 헤엄치며 살아 있는 물고기 10~12kg을 먹어 치운다. 그런 돌고래에게 10m 안팎의 수조는 운동조차 하기 힘든 '비좁고 외로운 감옥'이다."라고 말했다. 이어 그는 "돌고래는 친인척끼리 무리 지어 살기 때문에 각지에서 포획한 돌고래를 한 수조에 몰아넣는다고 해서 사회적 관계를 형성하거나 교류하지 않는다. 설령 말을 나누려 해도 대화의 수단인 초음파가

수 미터 앞의 콘크리트 벽에 부딪혀 되돌아 온다."고 덧붙였다. 또한 동물자유연대에 따르면, 1995년부터 2012년까지 제주 퍼시픽랜드 수족관에서 태어난 돌고래의 평균 수명은 4.32년에 그쳤다. 같은 기간 총 6마리가 출생했으나 2008년생 똘이를 제외한 5마리는 모두 5년 남짓 살고 폐사했다. 야생에서 돌고래의 수명은 30~50년이다. 안용락 해양수산연구사는 "수족관에서 임신한 암컷의 30%가 사산하고, 태어난 새끼의 절반 이상이 한 달 안에 죽는다."고 지적했다.

도망치지 못하는
돌고래

2019년 10월, 60년 만에 찾아온 최악의 태풍 하기비스가 일본을 강타했다. 특히 와카야마현 해안가는 하기비스가 지나가는 경로 한가운데에 있었다. 태풍이 오기 전날 밤, 팀과 렌은 숙소인 가쓰우라의 호텔에 모여 기상특보를 지켜봤다. 나무판자로 창문을 다 막았는데도 돌풍에 유리창이 덜컹거렸다.

고래잡이 어선들은 며칠 전부터 선창에 꽁꽁 묶여 있었다. 지금 가장 걱정되는 것은 가두리 안의 돌고래였다. 이 정도의 태풍이 지나가면 나무를 덧대 만든 가두리가 버티기 어렵다. 가두리가 파괴되면 돌고래들이 그 잔해에 다치거나 그물에 감겨 자칫 생명이 위험할 수도 있다. 하지만 이 어둠 속에 돌풍을 뚫고 가두리를 보러가는 것도 쉬운 일이 아니었다.

태풍이 오는 당일, 시속 200km의 돌풍이 부둣가를 할퀴듯 쏘다녔다. 바람을 정면으로 맞으면서는 앞으로 걸어갈 수조차 없을 지경이었다. 해안가에는 높이 5m의 파도가 세상을 삼킬 듯이 몰아쳤다. 어제까지 보이던 해안가 산책로도 이미 거센 물살에 잠긴 지 오래였다. 팀과 렌, 돌핀프로젝트 활동가 2명이 모여 타이지 상황을 주시했다. 아무도 쉽사리 입을 떼지 못할 만큼 상황은 엄중했다. 렌이 급하게 해양경찰에 전화를 걸어 가두리를 좀 돌아봐줄 것을 요청했다. 그러나 인명사고가 없는 한 출동이 어렵다는 답만 돌아올 뿐이었다.

결국 이들이 직접 타이지 가두리를 살피러 가기로 결정했다. 차 두 대에 나눠 타고 타이지로 향하는데, 차고가 높은 자동차가 바람에 넘어질 듯 휘청거렸다. 그들은 시속 20km로 서행 운전하여 간신히 마을 초입에 도착할 수 있었다. 아니나 다를까 10여 개의 가두리 중 3~4개는 이미 부서진 상태였다. 가두리 상판이 45도 가까이 꺾여 올라갔다 꺼질 만큼 너울이 심했다. 그 안의 돌고래들은 공포에 질려 물 위로 이리저리 튀어 올랐다. 팀이 그 어느 때보다 심각한 얼굴로 탄식했다.

"진짜 미쳤네요. 이러다 저 돌고래들 100% 죽을 것 같은데요. 파도도 세고 바람도 너무 세서 가두리 아래를 막은 그물망이 위로 올라오고 있어요. 돌고래도 우리처럼 숨을 쉬어줘야 하는데 그물망이 애들을 누르면서 계속 가장자리로 미는 거예요. 저러다 상판에 깔리기라도 하면 죽을 수밖에 없죠."

작년에도 타이지 가두리의 돌고래들이 태풍으로 흘러들어온 토사 때문에 4마리나 질식사하는 사건이 있었다. 이들을 살릴 수 있는 유일한 방법은 그물을 찢고 바다로 방사해 스스로 파도와 장애물을 피하게끔 만들어주는 것이다.

그러나 사람도 위험한 태풍 속에서 가두리 안 돌고래에게 관심을 갖는 타이지 주민은 단 한 명도 없었다. 사냥철은 아직 4개월이나 남았으니, 기존의 돌고래가 죽어도 새로운 돌고래를 잡아오면 될 뿐이었다.

팀과 렌은 철제 다리로 가두리에 건너가 이들을 풀어주고 싶은 마음이 굴뚝같았다. 그러나 가두리는 엄연한 타이지시의 공공시설물이거나 사유재산이다. 주인의 허락 없이 접근하거나 손을 대면 재물손괴죄로 즉각 추방되고 만다. 렌이 계속 구조 요청 전화를 걸자 해양경찰이 현장에 도착했다. 그러나 경찰은 아무런 장비도 없이 단 두 명만 나타났고, 돌고래가 아니라 일행을 제지했다. 거센 파도에 가두리들이 갈대처럼 휘어지고 꺾이는 걸 보면서도, 팀과 렌은 발만 동동 구를 뿐이었다. 결국 이들은 이 급박한 상황

하기비스에 무너져 내리는 돌고래 가두리(위)
태풍이 지나간 후 돌고래를 불러 모으는 사육사들(아래)

을 일본 전역에 알리는 라이브 방송을 시작했다. 휴대폰과 소형 카메라로 돌고래를 비추며 저들을 구해달라고 울부짖는 렌의 얼굴이 절박했다. 팀은 또 다른 가두리를 둘러보러 황급히 자리를 떴다. 물이 발목까지 찬 바닷가 도로를 성큼성큼 걸어가는 팀의 우비가 슈퍼히어로의 망토처럼 흩날렸다. 방파제에 부딪친 집채만한 파도의 포말이 그의 머리 위로 쏟아지고 있었다.

오후 네 시가 돼서야 바람이 잦아들기 시작하더니, 다섯 시 무렵에는 언제 그랬냐는 듯 날씨가 갰다. 거짓말처럼 잠잠해진 수면 위로 온갖 잔해들이 엉망으로 둥둥 떠다녔다. 그리고 그 사이에는 부서진 가두리에서 빠져나온 돌고래들이 기력 없이 우왕좌왕하고 있었다. 태풍이 가장 강하게 불었던 3일 동안 사육사들은 바다에 전혀 나오지 않았다. 돌고래는 먹이를 아예 먹지 못한 상태로 태풍을 견뎌야 했다.

마침내 7일간의 긴 태풍이 지나가자 마을 주민들이 한두 명씩 나와 부둣가를 둘러보기 시작했다. 사육사도 잠수복을 입고 나와 가두리를 정비하고 돌고래를 불러 모았다. 이 좁은 감옥에서 빠져나온 김에 멀리 도망이라도 치면 좋으련만, 돌고래들은 다시 사육사에게로 모여들었다. 이 지역의 물길을 아예 모르기 때문에 어디로 헤엄쳐가야 할지 모르는데다, 이들이 주는 먹이로 극심한 허기부터 달래야 했기 때문이다. 죽은 생선 몇 마리로 사람들은 손쉽게 돌고래를 다시 모아 가둘 수 있었다. 붉게 물든 노을과 어우러진 그 광경은 사람과 돌고래가 애정으로 교감하는 듯한 착각을 불러일으켰다. 이 잔인한 바다에 뜬 무지개가 무심하게도 아름다운 것처럼.

더디지만
시작된
변화

돌고래 포획과 판매가 예전처럼 마냥 순조로운 것은 아니다.
지난 2019년 4월 러시아도 고래 가두리와 관련해 국제적인 압박
에 직면했다. 그린피스(Greenpeace) 감시단이 극동지방 항구마을
나홋카(Nakhodka)에서 100마리 가량의 고래를 가둔 대형 가두리
를 포착한 것이다. 몇몇 해양업체가 중국의 아쿠아리움 등에 팔기
위해 오호츠크해 주변에서 불법으로 포획한 고래들이었다. 그리고
놀랍게도 이 고래들이 범고래 11마리와 벨루가 87마리였다. 흰 돌
고래로 유명한 벨루가는 세계자연보전연맹(IUCN)에 의해 멸종위
기종 목록에서 LC(Least Concern, 관심필요)로 분류된 상태다. 그럼
에도 벨루가는 귀여운 외모와 희귀한 색깔 탓에 최근 아쿠아리움

의 인기 어종으로 급부상했다. 이 가두리는 그 경제적 수요의 결과
물이었다.

　문제는 이곳의 상황이 타이지의 가두리보다도 훨씬 열악하다
는 사실이었다. 타이지에서는 비슷한 크기의 가두리 한 칸에 2~3
마리의 돌고래가 있었지만, 이곳은 7~10마리를 넣어둘 만큼 비좁
았다. 더구나 바다가 얼 정도의 강력한 추위는 고래들에게 저체온
증을 유발했다. 고래는 날마다 수십 킬로미터를 헤엄쳐야 체온 유
지가 가능한데, 가두리에서는 당연히 이 정도의 운동량을 얻을 수
가 없다. 이로 인해 상당수 개체가 피부 발진과 지느러미 퇴화를
보이고 얼음에 베인 상처까지 생겼다. 관찰을 시작한 지 몇 개월
만에 범고래 한 마리와 벨루가 세 마리가 폐사될 만큼 상황은 심
각했다.

　결국 레오나르도 디카프리오 등 각국의 유명인사가 이 가두
리를 '고래 감옥'으로 명명하고 이를 없애라는 여론을 주도했다.
143만 명이 청원에 서명하는 등 국제적 비판이 거세지자, 푸틴 대
통령이 직접 나서 고래 감옥을 해체하고 고래들을 모두 방류하라
고 지시하기에 이르렀다. 그리고 2019년 6월부터 11월까지 5개월
에 걸쳐 모든 고래의 방류가 마무리되었다. 러시아수산해양연구소
(VNIRO)는 이후 3개월간 추적 관찰한 결과 고래들이 새로운 서식
지에 잘 적응하고 있다고 강조했다. 연구소 관계자는 "풀려난 50
여 마리의 벨루가 대다수는 연해주 해안선을 따라 이동하는 게 관

찰됐고 일부는 우스페니야 만에 머물고 있다"고 밝혔다. 일부 환경
단체는 이 방류가 1,800km에 이르는 장거리 이동 후 아무런 적응
기간 없이 이루어져 사실상 고래들을 내다버린 수준이라며 문제를
제기했으나, 방류는 같은 방식으로 계속 이어졌다.

러시아 고래 감옥은 사람들의 관심이 고래의 삶을 바꿀 수 있
음을 보여준 대표적인 사례다. 이 관심은 이들이 어디서 어떻게 잡
혀 내 눈앞에 와 있는지를 아는 것에서 시작된다. 고래 감옥 벨루
가의 방류가 한창이던 2019년 10월, 우리나라의 롯데월드 아쿠아
리움에서도 12살짜리 수컷 벨루가가 폐사했다는 슬픈 소식이 들려
왔다. 6년 전 러시아에서 들여온 녀석이었다. 롯데월드 테마파크에

는 아이들에게 벨루가를 소개하는 애니메이션 극장이 있었다. 바닥에 모여 앉은 아이들이 큰 소리로 벨루가를 부르면, 화면 속 벨루가가 "안녕, 난 너희들이 보고 싶어서 저 멀리 북쪽 바다에서 헤엄쳐 왔어."라고 자신을 소개했다. 벨루가가 실제로 어떻게 포획되어 이곳에 이르게 됐는지 알았다면, 관객들은 그 영상을 편한 마음으로 지켜보지 못했을 것이다. 롯데월드 측은 남은 한 마리의 암컷 벨루가 '벨라'를 원 서식지에 방류하기로 결정하고 그 방식을 논의 중이다. 과연 이 결정은 우리나라의 고래류 수입과 전시에 있어 중요한 전환점이 될 수 있을까.

타이지 마을과 관련한 변화도 진척이 없는 것은 아니다. 세계동물원수족관협회(The World Association of Zoos and Aquariums, WAZA)는 타이지의 잔인한 포획 방식을 징계하는 차원에서 2015년 5월 일본동물원수족관협회의 회원 자격을 만장일치로 정지시켰다. 결국 일본동물원수족관협회는 앞으로 일본 내 수족관들이 타이지의 돌고래를 구매하지 않을 것임을 선언했다. 그럼에도 타이지는 여전히 돌고래 사냥을 멈출 생각이 없다. 타이지시는 물론 일본 정부도 타이지의 돌고래 사냥을 제재하려 하지 않는다. 심지어 일본 정부는 2019년 7월부터 대형 고래에 대한 상업 포경 재개를 선언했다. 다름 아닌 '전통'이라는 명분 때문이었다.

그러나 타이지의 전통이 지닌 적나라한 본질은 바로 인간의 탐욕이었다. 팀과 렌이 자신의 모든 걸 걸고 싸운 대상은, 인류의 문화적 유산이 아니라 돈벌이 앞에 상식을 외면하는 인간의 잔혹한 본성이었다. 그래서 팀은 올해도, 내년도 계속해서 타이지를 찾을 것이다. 렌도 돌고래를 대신해 소송을 이어갈 것이다.

전통은 완고하지만, 아주 조금씩 바뀌나갈 수 있다. 이들의 순수한 열정이 도도한 시대적 흐름과 만나, 저 바다가 피로 물드는 일을 기어코 막아내는 날이 올 수 있을까. 피 흘릴 돌고래마저 더는 없을 만큼 너무 늦기 전에 말이다.

4장

지배자 인간,
공존으로의 여정

곰아
깊은 숲으로
달려라

인류는 200만 년에 걸친 생존의 역사 대부분에서 생태계 주변부의 연약한 존재였다. 원시인의 삶은 야생동물로부터 살아남기 위한 투쟁이 전부였다 해도 과언이 아니다. 그러나 현생 인류(호모 사피엔스)의 출현은 많은 것을 바꿔놓았다. 이들은 큰 뇌를 활용한 학습 능력과 도구 사용 능력, 사회적 행동 등으로 먹이사슬의 정점에 올랐다. 불을 발견하고 농경생활을 시작한 인간은 야생동물 중 일부를 가축화하기 시작했다. 최초의 가축인 개를 시작으로 식용의 목적으로 길들인 산양, 샤머니즘의 희생 제물로 잡아온 야생우(野生牛) 등 이유와 필요는 다양했다. 의도했건 아니건 문명 발달은 동물과의 공진화(coevolution) 과정을 동반했다. 야생동물이건 가축이건 상관없이 인간과의 공생 여부가 동물의 생존을 좌우하는 변수로 부상한 것이다. 이후 인간은 과학기술의 발달과 폭발적인 인구의 증가를 바탕으로 다른 종을 모두 절멸시킬 수 있는 압도적 지배자로 군림했다.

유발 하라리(Yuval Noah Harari)는 그의 저서 《사피엔스》에서 '인간은 너무 빨리 정점에 올라 생태계가 그에 적응할 시간도, 인간이 그에 적응할 시간도 부족했다. 인간은 최근까지도 패배자였기 때문에 자신의 먹이사슬에서의 지위에 대한 공포와 걱정으로 가득차 두 배로 잔인하고 위험해지고 말았다. 치명적인 전쟁과 생태계 파괴가 모두 너무 빠른 도약에서 유래했다.'라고 진단했다. 동물에게 인류는 자신의 힘을 스스로 어쩔 줄 모르는 질풍노도의 폭군인 셈이다.

이 과정에서 야생동물과 가축 외에 동물의 세 번째 유형이 등장한다. 원래 야생동물이었고, 야생동물이어야만 하나, 인간의 손을 타 그 정체성이 사라질 위기에 처한 동물. 야생동물도 아니고 그렇다고 가축은 더더욱 아닌, 하지만 인간의 노력과 태도에 따라 그 미래가 결정될 동물들. 불안정한 지배가 낳은 '경계동물'들은 오늘도 지구 곳곳에서 위태로운 선택의 순간을 맞고 있다.

곰에게
속삭이는 자

미국 북동부의 뉴햄프셔(New Hampshire) 주는 영국에서 건너온 청교도들이 정착한 뉴잉글랜드 6개 주 중 하나다. 우리에게는 너대니얼 호손(Nathaniel Hawthorne)의 단편소설《큰 바위 얼굴》의 배경으로도 알려져 있다.

2019년 6월, 해진 씨는 뉴햄프셔에서도 해발 약 170m 산속에 자리한 라임(Lyme)으로 향했다. 나무로 지은 정갈한 교회당을 중심으로 소박하지만 고풍스런 집들이 드문드문 자리 잡은 작은 마을. 숲의 초록색과 건물의 흰색, 깔끔한 청교도적 단순함이 100년도 넘은 올드 타운에 배어있었다. 미국이라기에는 유럽의 시골 풍경 같았다. 여기서 짐을 푼 뒤 산속으로 차를 몰아 20여 분을 더 올라갔다. 외줄기 비포장도로가 끝나기 직전, 눈에 잘 띄지 않는 표지판 하나가 보였다. 야생곰을 만나볼 수 있는 곳, 바로 킬햄베어센터(Kilham Bear Center)였다.

우리가 만날 사람은 이곳의 설립자인 벤 킬햄(Ben Kilham) 박사였다. 해진 씨는 이 깊은 산속까지 오는 내내 그에 대한 호기심을 감추지 못했다. 사람이 어떻게 야생곰과 함께 살 수 있는지 눈으로 직접 확인하고 싶었기 때문이다. 높이 20m가 훌쩍 넘는 울창한 나무로 둘러싸인 숲속에 킬햄 박사의 집이 있었다. 더 안쪽으로 들어가자 창고와 축사 등 목조 건물이 보였다. 바로 그때, 수풀이

킬햄 박사가 돌보고 있는 어린 야생곰

흔들리는 소리가 나더니 검은 물체가 발밑을 지나 나무 위로 쏜살같이 올라갔다. 해진 씨가 흠칫 놀라며 올려다보니 다름 아닌 새끼 곰이었다. 곰이 우리가 아닌 산속에서 자유롭게, 돌아다니는 걸 보자 어안이 벙벙했다.

잠시 후 숲속에서 한 남자의 목소리가 들려왔다. 곰들은 잽싸게 나무를 내려가 소리 나는 방향으로 사라지더니, 이내 덩치 큰 백발의 할아버지와 다시 나타났다. 흡사 아빠 북극곰 같은 인상의 킬햄 박사였다. 그는 1993년부터 이 외딴 숲속에서 베어센터를 운영하며 곰과 함께 살고 있었다. 이제 칠순을 바라보는 그가 느릿한

4장 지배자 인간, 공존으로의 여정

걸음으로 해진 씨에게 다가와 반갑게 악수를 청했다. 그의 손등은 방금 곰의 발톱에 긁힌 듯 생채기가 나 있었다.

"장갑을 깜빡하고 안 꼈더니 이래요. 이 천방지축 같은 녀석들에게 익숙해진 거죠."

킬햄 박사를 따르는 다섯 마리 곰은 아메리카흑곰으로, 미국 전역 숲속에 가장 많이 살고 있는 종이다. 이제 만 6개월 된 새끼들이지만, 엄연한 야생곰답게 순발력과 거친 습성이 잘 발달되어 있었다. 이 녀석들은 성체가 되면 키 180cm에 200kg이 훌쩍 넘고, 엄청난 앞발 힘에 시속 50km까지 달릴 수 있다.

"멀리서 보면 곰들이 꼭 검은 강아지 같아요."

"보기엔 그렇지만 많이 다를 겁니다."

"손에 상처가 많으신데, 괜찮으세요?"

"이 녀석들은 서로에게 하는 것처럼 저에게도 똑같이 하는 것일 뿐이지 적대적으로 공격하는 건 절대 아닙니다. 곰은 서로 할퀴고 놀아도 다치지 않는 두꺼운 피부와 털이 있지만 저한텐 그게 없으니까요. 그래서 종종 곰들이 알아들을 수 있도록 '아야!' 하고 소리를 내기도 합니다. 이 모든 건 곰의 자연스러운 행동이에요."

그와 새끼 곰이 마저 산책을 나서려 하자 해진 씨도 선뜻 따라 나섰다. 킬햄 박사가 창고에 들러 두꺼운 가죽 장갑을 내다주었다. 언제나 태연하고 여유로운 모습의 해진 씨지만 그 순간만은 내심 긴장되는 모양이었다.

"어우, 처음엔 떨렸죠. 강아지나 고양이하고는 힘이 완전 다르더라고요. 그래도 킬햄 박사님이 옆에 있다는 사실 덕분에 약간 안심이 됐습니다. 내 평생 곰하고 산책을 하게 될 줄이야……."

곰들은 킬햄 박사와 해진 씨 사이를 오가며 분주하게 숲속을 탐색했다. 킬햄 박사는 하루에 두 번씩 이 곰들을 산책시키는데, 야생에서의 학습 과정을 똑같이 경험시켜주기 위해서다. 이 곰들

1993년부터 베어센터를 운영하며 곰의 행동양식을 연구해 온 킬햄 박사

은 대부분 태어난 지 2~3개월 안에 이곳으로 구조돼 왔다. 지금부
터 향후 2년 정도가 야생에서 살아남기 위해 필요한 습성을 익히
는 임계기(critical period: 뇌 발달 시기를 일컬으며, 이 특정 시기에 뇌의

4장 지배자 인간, 공존으로의 여정

기능이 활성화되지 않으면 그 부분은 영원히 작동하지 않게 된다.)인 것이다. 그래서 그는 녀석들이 야생에서 활동하는 시간을 일부러 더 늘려놓았다고 했다. 어미가 있었다면 가르쳐줬을 먹이 찾는 법, 나무 오르는 법, 위험을 감지하는 법 등을 이 녀석들은 스스로 깨우쳐야만 한다. 곰들은 주변의 모든 것을 만지고 먹어보고 냄새 맡으며 이를 스펀지처럼 빨아들이고 있었다. 그리고는 킬햄 박사에게 와서 무언가를 말하듯이 거칠게 스킨십을 하고 다시 사라지기를 반복했다.

킬햄 박사는 나무 그루터기에 앉아 그런 곰들을 말없이 기다려주었다. 그러다 곰이 자신에게 안기듯 달려들면, 목 안쪽으로 "그륵, 그르릉." 하는 소리를 내며 교감했다. 어미곰이 흐뭇한 표정으로 새끼를 볼 때 낼 법한 소리였다. 그렇게 그들의 언어로 리액션을 해주면서도 그는 곰을 통제하려 하지 않았다. 곰은 벤이 자신의 보호자라는 것도 알고 그의 표정이 무슨 의미인지도 대충 알고 있었지만, 조금도 의존하거나 순종하려 들지 않았다. 애완동물이나 가축과는 확연히 다른 행동방식이었다. 해진 씨도 제멋대로 우악스럽게 오가는 야생곰들 사이에서 점점 안정감을 찾아갔다. 그의 표정은 생소함에서 신기함으로, 다시 경이로움으로 바뀌어갔다.

"킬햄 박사님이 저 곰들을 정말 작을 때부터 돌보고 키웠다고 하더라고요. 곰도 기분이 좋으면 꾸룩 하는 소리를 낸다고 하는데, 박사님한테 와서 곰이 장난치고 기분 좋아하는 모습을 보면서 너무 신기했죠. 곰이라는 동물이 인간 친화적이라고 전혀 생각하지 않았거든요. 그런데 박사님의 진정성을 알아서 그런 건지, '이런 교감도 가능하구나.' 싶더라고요. 저로서는 정말 처음 느끼는 감정이었어요."

그래서일까, 라임 인근에서는 그를 모르는 사람이 없었다. 동양인이라고는 찾아볼 수 없는 동네에서 제작진을 낯설어하던 주민들도, 킬햄 박사를 촬영하러 왔다고 하니 고개를 끄덕이며 환하게 웃어줬다. 사람들은 킬햄 박사를 '베어 위스퍼러(Bear Whisperer)'라고 불렀다. 그가 그로울링(growling)으로 새끼곰과 이야기하는 것처럼 보여서일까. 베어 위스퍼러는 '곰에게 속삭이는 사람'이라는 뜻이다.

곰을 대하는
그만의 방법

킬햄 부부는 80,000km²에 이르는 사유지에 센터를 설립해 많게는 80마리에 이르는 곰을 보호하고 있었

4장 지배자 인간, 공존으로의 여정

곰에게 아침을 먹이는 킬햄 박사

고, 촬영 당시에는 50여 마리를 막 방사한 직후라 28마리의 곰을 데리고 있었다. 이곳은 크게 세 구역으로 나뉘는데, 함께 산책했던 막내 곰들은 작은 축사에서, 한 살 더 많은 곰들은 큰 축사와 사유지 내의 숲속에서 생활한다고 했다.

킬햄베어센터의 일상은 매일 규칙적으로 반복된다. 동이 트면 새벽이슬이 맺힌 숲속으로 곰을 풀어 산책시킨 후 아침 분유를 먹인다. 곰을 다시 축사에 넣었다가 한낮 더위가 찾아오면 연못으로 오후 산책을 시킨다. 저녁 다섯 시가 되면 다시 한 번 분유를 먹이고, 축사에서 잠을 재운다. 벤과 데비, 두 부부는 이 일을 하루도 거르지 않고 27년째 꾸준히 해오고 있다. 자식이나 후계자도 없고 직원도 없어서 이 모든 일이 오로지 두 사람의 몫이었다. 그러나 부부 역시 다 환갑을 넘은 나이인지라, 이 많은 곰을 직접 돌보는 게 버거워지기 시작했다. 그래서 몇 년 전부터는 벤의 여동생 피비가 합류해 한 살 많은 곰의 관리를 전담하고 있다. 세 명의 백발노인이 야생곰과 함께 살고 있는 것이다.

"매일 아침마다 따뜻한 우유와 시리얼 등을 섞어서 곰이 먹을 음식을 만들어요. 낮에는 오크 나무에서 나뭇잎을 가져와 녹색 풀을 먹이죠. 야생에서 먹었을 법한 음식을 같이 먹이는 거예요."

분유를 주는 일도 제법 손이 많이 간다. 그냥 분유만 주는 게 아니라 달콤한 사과 시럽을 함께 넣어준다. 사과와 시리얼을 섞은 간식도 따로 준다. 새끼곰들이 식욕을 잃지 않고 성장에 필요한 영양소를 고루 섭취하도록 하기 위해서다.

곰이 식사를 할 때는 냄새에 예민해져서 낯선 사람을 보면 흥분할 수 있기 때문에, 킬햄 박사는 분유를 먹이기 전에 해진 씨에게 조심할 것을 신신당부했다. 아니나 다를까, 축사가 열리자 어제 본 천방지축 다섯 마리가 쏟아져 나왔다. 세 개의 커다란 그릇에 나눠 담은 분유는 1분도 안 돼 바닥을 드러냈다. 바로 간식을 주자 사과와 시리얼도 게 눈 감추듯 먹어 없앴다. 그리고는 당연한 일상이라는 듯 숲속으로 사라져버렸다. 킬햄 박사가 "이리 오렴!"을 외치며 녀석들을 뒤따랐다. 함께 분유를 준 해진 씨가 못 말린다는 듯 너털웃음을 터뜨렸다.

킬햄 박사가 처음으로 곰을 돌보기 시작한 것은 우연한 계기였다. 야생동물의 습성을 연구하는 생물학자였던 그에게 한 공무원이 잠시만 맡아달라며 어미 잃은 흑곰 한 마리를 맡긴 것이다. 11개월 된 어린 곰이었는데 다리를 절뚝거리고 나무를 타지 못하는 상태였다. 녀석을 돌보면서 처음 인연을 맺은 이후 곰은 그의 삶의 전부가 되어버렸다. 그는 수많은 곰과 직접 생활하면서 본격적인 연구를 시작했고, 이후 아메리카흑곰의 행동 양식에 대한 논문으로 박사 학위까지 받았다.

"곰은 인간과 매우 비슷한 방식으로 판단을 하고 행동합니다. 상호적 관계를 맺을 줄 아는 동물이에요. 저는 이것을 스쿼티(Squirty)라는 곰에게서 배웠습니다. 제가 그 곰을 키울 때 그 아이도 저를 곰으로 여기고 대했죠. 스쿼티는 제가 곰들을 대할 때 잘못하는 게 있으면 그것을 고치게 했어요. 제 행동을 제재하면서 곰과 함께하려면 따라야 하는 방식, 규칙을 보여주었지요."

스쿼티는 킬햄 박사가 생후 6주 때 구조하여, 직접 분유도 먹이고 산책도 시키면서 키운 곰이었다. 녀석은 곰이 성장하는 과정이나 숲속에서 살아가는 방식을 직접 그에게 보여주었다. 스쿼티가 요구한 규칙은 꽤 단순했다. 자신이 다른 곰과 사회적인 행동이나 교류를 하고 있을 때는 킬햄 박사의 개입을 일절 허락하지 않는 것. 아주 어린 곰을 데리고 있을 때에도 마찬가지였다.

한번은 스쿼티가 다른 야생곰과 나무 위에 있었고, 킬햄 박사는 카메라로 그 모습을 기록하려 했다. 그가 나뭇가지 하나를 들고 다가가자 그 야생곰은 나무에서 내려와 마구 도망치기 시작했다. 스쿼티는 그 곰을 따라갔다가 돌아와서 킬햄 박사를 위로하는 듯한 행동을 하더니, 가까이 다가와 그의 귀 한쪽을 살짝 물었다. 곰 입장에서는 '살짝'이겠지만 흉터가 남을 정도였다. 킬햄 박사는 그것을 '미안하지만 필요한 조치'의 뜻으로 받아들였다. 스쿼티에게는 야생의 규칙이 있었는데 그가 그것을 존중하지 않자 벌을 준 것

킬햄 박사와 그가 키운 곰 스쿼티

으로 말이다. 그리고 다시 용서와 화해의 과정을 거치면서 곰과 사람은 '밀당' 비슷한 거리두기를 유지했다. 이후 스쿼티는 야생으로 방사되어 22살이 된 지금까지도 잘 살아가고 있다.

킬햄 박사는 스쿼티에게서 얻은 깨달음을 기초로, 곰을 길들이거나 먹이로 통제하려 하면 안 된다는 것을 배웠다. 그래서 그는 먹이주기와 숲속 학습 같은 가장 기초적인 도움 말고는 그들에게 어떤 개입도 하지 않는다. 킬햄 부부 자신들을 포함해 사람들이 곰을 애완동물이나 가축처럼 대하는 일체의 접촉도 차단한다. 스쿼티 이후에는 곰에게 이름도 지어주지 않는다. 곰과 정이 들고 거리두기에 실패할수록 녀석들이 야생으로 돌아가 살아남을 가능성도 낮아지기 때문이다.

혹자는 곰을 축사에서 키우고 먹이도 주면서 야생으로 방사하는 것은 모순된 행위라는 우려를 제기한다. 그러나 킬햄 박사는 타의 추종을 불허하는 야생곰 생육 경험을 가지고 자신만의 루틴 (routine: 반복적으로 적용 가능한 행동 패턴)을 만들어낸 사람이다. 이미 260여 건에 이르는 성공적인 방사가 이를 입증하고 있었다. 생물학 교과서에 나온 곰의 특성만으로 설명할 수 없는 그의 방식이 점점 더 궁금해졌다.

어미 잃은
고아 곰

킬햄베어센터로 인도되는 새끼곰은 모두 야생에서 어미를 잃은 고아들이다. 인간의 영역을 침범해서, 아니면 사고에 의해, 혹은 트로피 헌터의 손에…… 이곳 미국 땅에서도 수많은 곰이 인간에 의해 속절없이 죽어간다. 그 순간 운 좋게 살아남았다 해도, 새끼들 대부분은 배가 고파 민가를 기웃거리다가 총에 맞아 죽을 확률이 높다.

"고아가 되어 이곳에 오는 곰에게는 다양한 이유가 있어요. 보통은 차 사고로 부모를 잃은 아이들이 많이 오고, 어떤 곰은 어미가 쓰레기장에서 감전되어 죽고 이곳에 왔죠. 이건 인간들이 곰의 서식지를 잠식하면서 생긴 결과예요. 거기에다 사냥철에는 헌터에게 죽음을 당하기도 하고요."

곰과 인간의 영역에 접점이 많아질수록 곰의 죽음은 더 증가하게 된다. 특히 곰이 겨울잠을 앞두고 허기를 느낄 때가 문제다. 잡식성인 곰이 쓰레기통 냄새를 맡고 마을로 내려왔다가 총을 맞는 경우가 급증하기 때문이다. 곰으로부터 인명 피해의 위협을 받을 경우 총으로 쏘는 것이 불법이 아니다. 더구나 상당수 미국인들은 아메리카흑곰의 개체수가 부족하지 않다는 잘못된 선입견을 가

아메리카흑곰 모자

지고 있다. 이들이 CITES(멸종위기에 처한 야생동식물의 국제거래에 관한 국제협약)의 부속서에 포함된 '국제적 멸종위기종'임에도 말이다.

"공존을 향한 첫걸음은 동물들을 이해하는 것입니다. 저는 곰의 행동을 연구하면서 녀석들에 대한 시각이 바뀌는 행운을 누렸어요. 하지만 대다수의 사람은 집 앞에 나타난 곰을 보면 공포에 휩싸이고, 그게 반복되면 그들에게 적개심을 갖게 되죠. 동물이 왜 저렇게 행동하는지 이해하지 못하면 그들을 죽이는 것도 서슴지 않게 돼요. 현실적으로 동물이 없으면 인간도 존재할 수 없는데, 그걸 잊고 근시안적으로 행동하는 것이 너무 안타깝습니다."

다음 날, 또 한 마리의 새끼곰이 센터에 도착했다. 철창 안에서 잔뜩 겁에 질려 있는 이 녀석은 어느 집 정원에서 다람쥐 시체를 먹고 있다가 발견됐다. 첫날 산책 갔던 다섯 마리 곰과 동갑인데, 제대로 먹지 못해서인지 몸집은 그들의 3분의 2도 채 되지 않았다. 축사 구석에 숨어 바들바들 떨며 주위를 살피는 눈빛이 꼭 사람 같았다.

새끼 곰의 상태가 심각해 보이자 킬햄 박사는 수의사를 불렀다. 새끼곰은 항문 쪽에 빨간 살덩어리가 튀어나온 채였고 귀에는 진드기가 잔뜩 붙어 있었다. 곰은 털이 빽빽하기 때문에 혈관이 제일 잘 드러나는 귀에 진드기가 달라붙는다. 한눈에 봐도 귀마다 동그란 진드기 알갱이가 10개 이상씩 붙어있었다. 너무 많은 진드기에게 피를 빨려서 영양실조가 왔을 정도였다. 수의사는 이런 상태에서 아직 살아 있는 게 놀랍다고 혀를 내둘렀다.

"어미곰이 있으면 새끼를 그루밍(grooming: 털을 손질하고 몸단장을 시켜주는 행위)해서 진드기를 다 떼어줍니다. 그래서 어미가 있는 곰은 진드기가 없죠. 이건 중요한 신호인데요, 만약 혼자 있는 새끼를 발견해도 깨끗하고 건강해 보이면, 어미가 근처에 있을 수

촬영 당일 구조되어 온 새끼 곰(위)
구조된 새끼 곰의 탈장 상태(아래)

구조된 곰의 상태를 확인하는 수의사 (위)
어미곰의 관리를 받지 못해 귀에 달라붙은 진드기 (아래)

있으니 일단 내버려둬야 합니다. 하지만 이 녀석 같은 몸 상태면 어미를 잃은 지 제법 오래 됐다는 뜻입니다. 바로 데려와서 조치를 취해야 하죠."

손으로도 잘 떨어지지 않는 진드기를 잡아떼는 동안 킬햄 박사는 녀석을 꼭 안고 안심시켜 주었다. 그는 '그르릉' 소리를 내면서 나지막한 목소리로 말했다. "괜찮아 아가야, 도와주고 있는 거니 걱정 마렴." 그 소리를 알아들은 건지, 진드기를 떼니 시원한 건지 새끼곰은 꼼짝 않고 그의 품안에 파묻혀 있었다.

항문 쪽의 붉은 살덩어리는 탈장이었다. 크기가 7cm는 족히 돼 보이는 심각한 상황이었지만, 지금 당장은 처치가 불가능했다. 빈혈이 너무 심해서 마취를 견딜 수 있는 상태가 아니었기 때문이다. 일단 수술 없이 깨끗하게 관리하면서 자연적으로 작아지기를 기다리기로 했다. 곰은 재생능력이 뛰어나기 때문에 안정적인 환경에서 영양공급만 잘 되면 치유될 가능성이 충분하다. 분유와 사과를 그릇에 담아 새끼곰 앞에 놓아주고 사람들이 모두 우리를 나갔다. 그러자 처음에는 사방을 경계하던 녀석도 조금은 긴장이 풀린 듯 먹이를 먹기 시작했다. 그리고는 통나무 위로 올라가서 물끄러미 자신을 돌봐준 이들을 바라보았다. 그간 새끼곰에게 인간은 어떤 존재로 각인되어 있었을까. 오늘의 경험이 그 기억을 조금이나마 다르게 바꿔놓았기를 바랐다.

곰들이
가야할 곳

킬햄 박사는 구조한 곰들을 아무리 길어도 2년 이상 데리고 있지 않는다. 사람의 손을 너무 타서 행여나 야생성을 잃으면, 이후에는 방사가 아예 불가능해지기 때문이다. 하루도 빠지지 않고 매일 곰을 산에 데려가는 것도 결국 방사를 위한 연습 과정이다.

어느덧 이곳에서 1년 동안 머문 형님 곰을 방사하는 날. 보통 아메리카흑곰은 14개월쯤 첫 동면을 하고 깨어나면 성체가 된다. 그래서 생후 18개월 정도 되는 6월경에는 사람 곁을 떠나야 한다. 이곳에서 만 1년을 넘게 지낸 곰은 몸무게가 50kg 정도로 커지고 야생성도 강해져 있다. 이렇다 보니 노부부의 힘만으로는 곰을 옮길 수 없어서, 방사를 전담할 수송팀부터 의료팀까지 10여 명의 인력이 대거 동원된다.

먼저 방사할 곰들을 마취시켜 꺼내 와야 한다. 의료팀 3명이 마취총과 마취침을 이용해 곰을 마취시킨 뒤 들쳐 업고 나오기 시작했다. 오늘 방사할 곰은 무려 11마리로, 마취 후 이동용 우리에 가두는 데에만 세 시간이 소요됐다. 곰을 야생으로 돌려보내기 전에는 반드시 수의사가 건강상태를 최종 확인한다. 그리고 방사를 해도 무리가 없는 컨디션이면 귀에 인식표를 달아준다. 이 곰이 킬햄베어센터에서 몇 번째로 방사된 곰인지를 표시해 생존 여부를

안전한 방사를 위해 마취된 곰의 건강 상태를 확인하는 모습

꾸준히 확인하기 위해서다.

　해진 씨도 팔을 걷어붙이고 방사를 도왔다. 마취돼 축 늘어진 곰을 안아 올려 차량에 싣고, 수의사의 확인이 끝난 곰은 이동용 상자에 넣은 다음 직접 못질도 했다. 곰의 발톱에 걸려 옷이 찢기고 팔뚝은 피가 나도록 긁혔지만 그는 전혀 개의치 않았다. 일주일 전 야생 새끼곰을 처음 보고 긴장했던 때와는 사뭇 다른 모습이었다. 여기서 킬햄 박사와 생활하면서 그의 우직한 진정성에 감화된 덕분이었다.

　"저런 분들이 요즘 어디 있어요. 누가 알아주는 것도 아닌데, 정말 자기 사비 써가면서 곰을 위해서 그냥 인생을 다 바치고 있는 거

잖아요. 낮에는 사모님이 라임에 있는 회계 사무실에서 일하는데,
그 월급으로는 곰들 식재료 사기에도 모자라대요. 근데 그동안 기
부금 한 푼 안 받고 자기들 힘만으로 여길 운영해왔다는 거예요.
요즘 어떤 젊은 사람이 이 산속에 틀어박혀서 이렇게 살고 싶어 하
겠어요. 언젠가 저분들이 늙고 병들어서 이 일을 더는 못하게 되
면, 그땐 곰들이 정말 걱정인 거죠……."

바쁘게 움직이는 방사 인력들을 보며 말없이 앉아있는 킬햄
박사의 얼굴이 조금은 쓸쓸해 보였다. 매일같이 보던 곰들을 떠나
보내야 하는 마음이 그리 홀가분하지만은 않을 듯했다. 해진 씨가
조심스럽게 그의 기분을 물었다.

마취된 상태로 케이지에 실려 이동되는 곰

곰 방사에 사용되는 케이지

"곰들을 야생으로 돌려보낼 때 아쉽거나 마음이 아프지는 않으세요?"

"제 감정은 중요하지 않아요. 제가 아무리 잘해준다 해도, 곰들을 보호 시설에 억류하는 것은 이들에게 매우 몹쓸 행동인 겁니다. 모든 곰은 야생에서 곰으로 살고 싶어 하니까요. 다른 곰과 관계를 맺고 싶어 하지, 사람들과 함께 지내고 싶어 하지 않습니다. 저는 곰이 행복하길 바라고, 곰은 방사해야 행복해져요."

시간이 되자 11마리의 곰을 나눠 실은 4대의 차가 뉴햄프셔 각지의 야산으로 흩어졌다. 곰에게 최대한의 영역을 보장해주기 위한 조치였다. 킬햄 박사와 해진 씨도 두 마리의 곰이 실린 픽업 트럭을 직접 몰고 출발했다. 차 안에서 해진 씨는 한 번 더 조심스레 물었다.

"곰들이 킬햄베어센터에서 박사님과 보낸 시간을 기억할까요?"

"스퀴티처럼 방사 이후에도 저를 기억하고 반가워하는 곰이 있지만, 그건 아주 특별한 경우입니다. 대개의 곰에게는 이곳에서 갇혀있던 시간이 공포에 가까운 기억일 거예요. 그래서 전 이들이 모든 걸 잊고 다시 완벽하게 야생으로 돌아가길 원합니다. 저에 대한 모든 기억을 잊는다고 해도요."

4장 지배자 인간, 공존으로의 여정

자신이 돌봐준 시간과 정성을 저 야생동물이 조금이라도 알아주길 바라는 마음은 어디까지나 인간의 욕심에 불과하다. 킬햄 박사의 덤덤한 대답은 그래서 더 숙연했다.

한 시간 여를 달려 방사에 적합한 넓은 들판에 차를 멈췄다. 곰은 이미 마취가 깨어 일어난 듯했다. 먼저 상자에 갇힌 녀석부터 풀어주기로 했다. 킬햄 박사와 해진 씨가 나란히 서서 그 광경을 지켜봤다. 나무 상자의 못을 빼고 문을 열자마자, 첫 번째 곰이 쏜살같이 내달아 수풀 속으로 도망쳤다. 좁은 상자 안이 꽤나 갑갑했던 모양이었다. 마치 다시는 사람들 손에 잡히지 않겠다는 각오라도 한 듯 뒤도 돌아보지 않는 모습이었다. 깜짝 놀란 해진 씨를 보며 킬햄 박사가 껄껄 웃었다.

"방사하면 저게 제일 일반적인 모습이랍니다."

두 번째로 양철 원통 케이지의 문을 열었다. 녀석은 아직 마취가 덜 풀린 건지 장소가 낯선 건지 고개만 내밀고 냄새를 맡았다. 하지만 잠시 후 차에서 성큼 뛰어내려 이내 숲을 향해 달려가기 시작했다. 좀 더 이 자유의 순간을 음미하고 싶었을까. 곰은 크게 들판을 한 바퀴 돌더니 발걸음을 멈춰 킬햄 박사가 있는 쪽을 천천히 돌아보았다. 마치 자신을 배웅한 인간들의 모습을 눈에 담아두기라도 하려는 듯이. 그리고는 다시 발걸음을 옮겨 숲속으로 사라져 갔다. 그 광경을 하염없이 바라보던 해진 씨의 표정에 뿌듯함과 아쉬움이 교차했다.

4장 지배자 인간, 공존으로의 여정

"인간에 대해서 마지막 기억을 간직하려는 것처럼 보였어요. 그게 좋은 기억일지 공포스러운 기억일지는 모르겠지만……. 이제 저 곰이 다시 인간 세상에 내려오는 일이 없기를 바라야겠지요."

이로써 킬햄 박사는 270마리가 넘는 곰을 다시 자연으로 돌려보냈다. 이 곰들이 모두 자연으로 돌아가서 잘 살 수 있을지는 알 수 없다. 하지만 이것만은 분명하다. 곰은 원래 자신이 있던 자리로 돌아갔다는 것. 야생동물도 애완동물도 아닌 제3의 동물로 주저앉지 않고, 다시 야생동물의 본성을 회복할 수 있는 마지막 기회를 얻었다는 뜻이다. 그건 킬햄 박사처럼 동물에게 맞는 삶의 자리를 아는 이들의 헌신이 만들어낸 기회였다. 그리고 그와 함께 보낸 일주일은 그 헌신에 대한 우리의 작은 헌사였다.

못다 한
이야기

　　　　　뉴햄프셔의 야생곰을 만나보고 난 뒤 더 마음에 걸렸던 것은 우리나라 사육곰의 삶이었다. 이들은 평생을 가로세로 2m의 철창 안에서 보내다 10살이 되면 웅담을 얻기 위해 '합법적'인 죽임을 당한다. 멸종위기종인 반달가슴곰이지만 어떠한 보호나 구조의 기회도 얻지 못했다. 똑같은 곰들이 복원용 '귀한 곰'과

평생을 비좁은 철창 안에 갇혀 사는 우리나라의 사육곰 ©녹색연합

웅담용 사육곰으로 나뉘어 극과 극의 삶을 사는 기막힌 현실. 거기에는 인간의 선택 말고는 아무 이유도 없었다.

그러는 사이, 2000년대 중반 1,500마리에 달했던 사육곰은 2019년 현재 430마리로 줄어들었다. 아직도 이 곰들은 오물로 가득한 철창에 갇혀 정형행동을 하며 죽음만을 기다리고 있다. 이들을 자연과 야생으로 되돌려 보내기엔 이미 너무 늦어버렸는지도 모른다. 하지만 적어도 곰을 하나의 생명체로 존중하고, 조금 더 나은 환경을 제공할 수 있지 않을까.

킬햄 박사와 숲속을 산책하던 곰들의 생기발랄한 눈빛과 몸짓은, 인간에게 빼앗겼다가 다시 인간으로부터 돌려받은 것이었다. 이제 인간의 탐욕 때문에 지구상에서 가장 큰 고통 속에 살고 있는 저 사육곰들에게도 저들이 응당 누렸어야 할 최소한의 자유를 돌려줘야 한다. 곰으로 태어났지만 곰으로 살아가지 못하는 동물의 삶을 묵인하는 이상 밀렵꾼, 불법 약재상, 트로피 헌터 등과 우리 자신은 다르다고 주장할 근거는 너무나 빈약한 것이 아닐까.

가장
위험한 동물과
가난한 사람들

국민 사자 세실은 트로피 헌팅이 얼마나 많은 사자에게 죽음을 선사하고 있는지 보여주었다. 돈을 내고 사냥하는 부자 헌터치고 사자를 잡고 싶지 않은 사람은 없다. 헌팅업체에 지불하는 비용의 액수도 사자가 단연 1위다. 그만큼 인기가 많고 잡기는 쉽지 않다는 뜻이다. 그럴수록 헌터들은 월터 파머와 같은 마음으로 발밑에 사자를 무릎 꿇리고 싶어 한다. 아프리카의 최상위 포식자를 상대로 카리스마 넘치는 승리를 거둠으로써, 그들은 자신의 권위를 다시금 확인하려 든다.

그럼 사자는 백인 헌터의 총구만 잘 피하면 살아남을 수 있을까? 슬프게도 답은 '아니'다. 헌터 외에도 평범한 아프리카 주민의 상당수가 사자의 목숨을 위협하는 존재이기 때문이다. 헌터가 '희열'을 위해 사자를 죽인다면, 이들은 '적개심'으로 살상을 한다. 지난 21년 사이에 사자의 개체수는 절반으로 줄어들었고, 이들 중 48%는 전문 헌터가 아닌 일반인에게 목숨을 잃었다. 일반인의 사자 도살이 헌터들과 대등한 수준에 이른 것이다. 이 살기(殺氣)는 아프리카의 가장 근원적인 현실과 맞닿아 있다.

너무 위험한
이웃

배우 류승룡 씨는 봉사활동 등으로 이미 아프리카를 세 차례 방문한 경험이 있었다. 그는 무엇보다 이곳 사람들의 생활을 가까이서 보고, 함께하고 싶어 했다. '휴머니멀'은 결국 인간의 삶을 반추하는 여정임을 그는 정확히 알고 있었다.

그가 이번에 도착한 곳은 짐바브웨 서부의 마타벨레랜드(Matabeleland)였다. 끝없이 펼쳐진 황량한 평원은 사실상 황무지나 다름없었다. 황토먼지를 한껏 뒤집어쓰며 길도 없는 곳을 달리고 있노라면 정말 이런 곳에 마을이 있긴 한 건지 의심이 들 정도였다.

짐바브웨는 원래 남부 아프리카의 식량수출국(Bread Basket)이었다. 옥수수, 사탕수수를 재배하는 상업 영농이 번성하고 다이아몬드, 석탄, 철광석 등 지하자원도 풍부했다. 100년 가까이 영국의 식민 지배를 받으면서도 1980년대 후반 국민총생산(GDP)이 80억 달러를 상회할 만큼 경제적 여유가 있었다. 그러나 로버트 무가베(Robert Mugabe)의 30년 독재를 겪으며 짐바브웨는 아프리카의 최빈국으로 전락했다. 2008년에 닥쳐온 인플레이션은 사실상 짐바브웨의 경제를 회복 불능 상태로 만들어 버렸다.

관광객이 많은 빅폴(VicFall)의 시내에서는 청년들이 짐바브웨 돈을 기념품으로 판다. 5억 달러, 10억 달러 등 '0'의 개수를 세기도 힘든 짐바브웨달러 지폐를 미화 1달러에 사라고 내미는 것이다. 짐바브웨는 얼마 전부터 자국 달러를 포기하고 미국 달러를 사용한다. 이 지폐들은 짐바브웨의 몰락을 상징하는 값싼 증명서가 되었다. 1992년 토지개혁 이후 농업 시스템이 붕괴되면서, 대다수의 짐바브웨 농민은 정착 생활을 포기하고 초원과 숲속으로 흩어졌다. 화전민이자 유목민의 삶이 이들에게 남은 유일한 선택지였다. 하지만 민초들은 정말 풀처럼 어디서건 다시 살아난다. 아무것도 없는 황무지를 개간해 마을을 만들고, 주민들은 거기서 어떻게든 생계를 이어갔다.

마타벨레랜드도 그런 곳이었다. 아무것도 없는 허허벌판에 3년 전부터 사람들이 하나둘 모여들었다. 나뭇가지와 흙으로 집을 짓고 자신의 전 재산인 소를 키우기 시작했다. 좀처럼 비가 오지 않는 척박한 땅이라 목축업만이 유일한 생계 수단이었다. 젊은 청년들이 할 수 있는 일도 소치는 일밖에 없었다. 어느새 이곳은 30

여 가구가 모여 사는 마을이 되었다.

승룡 씨가 이 마을에 도착했을 때, 사람들은 소를 한 자리에 모아 방역을 하고 있었다. 한눈에 봐도 백여 마리는 족히 되어 보이는 소들이 원형 울타리 안에 똘똘 뭉쳐있었다. 청년들은 입술로 휘파람을 날카롭게 불어대며 소떼에게 긴 가죽 채찍을 사정없이 휘둘렀다. 겁먹은 소들이 흙먼지를 일으키며 시계 방향으로 돌기 시작했다. 사람들은 소를 한 마리씩 능숙하게 무리에서 떼어내 방역용 통로에 몰아넣고, 소독약을 소의 이마와 등줄기에 뿌렸다. 아프리카의 진드기는 강력하다. 잘못 물리면 소도 열병에 걸려 죽을 수 있기 때문에 최소 2주에 한 번꼴로 방역을 해줘야 한다.

이 모습을 지켜보던 승룡 씨는 마을 이장과 이런저런 대화를 나눴다. 소가 우왕좌왕하는 모습을 바라보며 이장은 뜻밖의 얘기를 꺼냈다.

"적어도 진드기는 정기적으로 방역만 해주면 소가 죽지 않아요. 예측과 대비가 가능한 문제인 거죠. 하지만 진짜 위험한 건 저 녀석들이 더 먼저 알아요. 사자 말예요. 여기서는 사자가 진드기보다 훨씬 큰 피해를 줍니다."

마타벨레랜드는 애초에 사자의 땅이었다. 잠베지 국립공원과 황게 국립공원을 끼고 있는 초원지대라서 임팔라, 얼룩말, 코끼리 등 초식동물이 주로 서식했다. 사자는 자연히 이들을 쫓아 와 이 일대를 지배했다. 나무가 빽빽하지 않고 지대가 평평해 사냥에 용이한 지형이기도 했다. 그런데 언젠가부터 소를 키우는 인간이 이 땅에 들어오기 시작하면서 문제가 발생했다. 수십 마리의 소를 인공사료 없이 키우는 건 보통 일이 아니다. 이들을 먹일 풀과 물을 찾아 짐바브웨 목축인들이 점점 초원을 잠식해 들어온 것이다.

그렇다 보니 사자의 영역과 인간의 영역이 겹치게 되었다. 사자도 사람을 공격하는 건 조심했지만, 소까지 내버려둘 이유는 없었다. 초식동물 사냥에 실패하는 날이면 사자는 자연스럽게 우리 안의 소를 노리기 시작했다. 어떤 날은 대낮에 사자가 마을 한복판까지 내려와 소를 잡아먹기도 했다. 마을 주민 입장에서는 소스라치는 공포일 수밖에 없었다. 불안한 동거가 파국으로 치닫기 시작했다.

제리코 토부 씨는 인근 마세카리의 마을에서 제일 많은 소를 키운다. 그는 50마리나 되는 소를 건사하기 위해 마을 중심에서 좀 떨어진 물가에 집을 지었다. 하지만 두세 가구밖에 살지 않는 외딴곳이다 보니 사자의 공격에도 더 쉽게 노출된다. 매일 해가 지기 전 소떼를 나무 우리에 넣고 빗장도 단단히 채우지만 별 소용이 없다. 불과 2주 전에도 사자의 습격으로 소 4마리를 잃었다. 그는 하소연하듯 당시 상황을 털어놓았다.

"불과 한 시간도 안 걸려서 4마리가 죽었어요. 사자 한 마리는 이쪽에서, 다른 한 마리는 저쪽에서 우리를 가볍게 뛰어넘어 소를 공격하기 시작했어요."

"여러 마리가 팀으로 같이 다니는군요."

"맞아요, 사자 가족이죠. 소들이 겁을 먹고 우리 바깥으로 나가지 않으니 사자들이 우리 안으로 들어갔어요. 먼저 한 마리 죽이고, 잠시 후 다시 들어가서 또 죽이고……."

사자를 적극적으로 막을 수 없는 데에는 이유가 있었다. 현지인들이 사자를 향해 총을 발사하는 건 짐바브웨 법으로 엄격히 금지되어 있다. 발견되면 밀렵꾼과 똑같은 실형에 처해진다. 사자는 헌팅과 사파리 투어에 무엇보다 '소중한 자원'이라 모두 국가에서 관리하기 때문이다. 총 자체를 들 수가 없으니 위협 사격은 고사하고 위험해서 사자 앞에 나설 수조차 없다. 속수무책으로 소를 잃어도 짐바브웨 여건상 정부의 보상금 같은 조치는 기대하기 어렵다.

"만약 법만 없었다면 사자를 진작 총으로 쏴 죽였을 거예요. 저와 제 가족에겐 이 소들이 유일한 수입원이니까요. 소가 잡아먹히는 걸 지켜만 보는 게 너무 마음 아픕니다. 사자가 저를 공격하는 것보다 소를 공격하는 게 훨씬 더 무서워요."

방역을 위해 모아 놓은 마타벨레랜드의 소떼(왼쪽),
진드기, 해충 예방을 위해 소의 머리와 등에 소독약을 뿌리는 장면(가운데)

토부 씨의 목소리는 분노로 떨리고 있었다.

조니 음팔라 할아버지는 2년 전 도시를 떠나 마타벨레랜드로
이주했다. 소를 키우기 위해 새로 지은 그의 집은 마을에서도 가장
안쪽에 있었다. 나무로 얼기설기 만든 우리 바로 옆은 탁 트인 평
원이라, 수풀 속에서 사자가 나오면 음팔라 할아버지의 소부터 눈
에 띄는 위치였다. 그 때문일까, 불과 1년 반 만에 18마리였던 소
들 중 11마리가 사자에게 잡아먹혀 이제 7마리밖에 남지 않았다.

짐바브웨에서는 소 한 마리의 가격이 미화 700달러 정도로,
소 네 마리면 직장인 1년 연봉에 해당하는 큰 재산이다. 소를 지킬

4장 지배자 인간, 공존으로의 여정

마을 주변까지 내려 와 물을 마시는 사자 가족

울타리를 높고 튼튼하게 보강하면 좋겠지만, 물가가 너무 비싸 엄두를 내기 어렵다. 외양간 만들려고 소를 팔 수는 없는 노릇이었다. 더구나 지금 짐바브웨 국민들은 실업률이 80%에 달하는 최악의 경제난을 겪고 있다. 사자는 이들의 삶을 점점 더 궁지로 몰아넣는 거대한 훼방꾼이 된 지 오래다. 사자 보호 단체 ALERT의 운영책임자 네이슨 웹(Nathan Webb)은 이 상황을 다음과 같이 진단했다.

"불행히도 사자들과 함께 살아가고 있는 짐바브웨인은 경제적 여력이 전혀 없는 사람들이기도 합니다. 세상에서 가장 위험한 야생동물이 가장 가난한 사람과 공존하고 있는 상황이죠. 이곳 사람들은 전기도, 물도, 어떠한 보호 장치도 없이 저 맹수와 한 공간에 들어가 살다보니 그 피해가 정말 클 수밖에 없습니다."

울먹이는 음팔라 할아버지의 얘기를 들으며 승룡 씨의 얼굴에서도 웃음기가 사라졌다.

"그게 좀 놀라웠어요. 외국에선 '짐바브웨 하면 사자' 이렇게 생각하는데, 정작 짐바브웨 사람들은 사자를 진짜 안 좋아해요. 브렌트 스타펠캄프가 우리에게 말했듯, 어찌 보면 당연한 거죠. 같이 있으면 무섭고 불편하고 방해되니까요……. 결국 인간의 생존과 연관되는 문제잖아요. 양보할 생각도, 방법도 없다는 게 가장 심각한 지점이라는 생각이 들어요."

외부에서는 짐바브웨 국민들이 모두 사자를 상징처럼 아끼고 보호할 거라고 막연하게 생각하지만, 막상 주민들은 사자로 인해 엄청난 고충을 겪고 있는 것이다.

사자에게 잡아먹혀 얼마 남지 않은 소와 주인 음팔라 할아버지의 모습(위),
해가 지면 사자를 피해 울타리 안으로 들어가는 소(아래)

인간의
반격

사자 20마리 정도의 프라이드(가족)가 생존하기 위해서는 약 150㎢ 면적의 야생 서식지가 필요하다. 최상위포식자에 걸맞게 넓은 면적이다. 하지만 인구가 폭발적으로 증가하면서, 사자 서식지는 거센 위협에 직면했다. UN 통계에 의하면 아프리카 인구는 2000년에 8억 800만 명을 돌파했고, 2020년에는 20억 명을 넘어설 것으로 전망된다. 이는 5대륙 중에서 가장 빠른 속도다. 급속한 팽창으로 기존 생활권이 수용 한계를 넘어서자, 사람들은 점차 야생동물의 서식지를 침범하기 시작했다. 마타벨레랜드처럼 농사를 짓고 가축을 키우는 면적을 늘려가게 된 것이다. 이 '대침공'으로 지난 50년간 사자의 서식지는 무려 75%가 감소했다. 그리고 이 놀라운 감소폭은 사자의 개체수에 직접적인 타격을 입혔다.

1940년대만 해도 아프리카의 사자는 45~50만 마리로 추정됐다. 그러나 현재는 약 2만 마리밖에 남지 않았다. 사자는 국제자연보호연맹(IUCN)이 규정한 '취약종(vulnerable, VU)'이다. 그러나 연구자들은 이제 사자를 '멸종위기종(Endangered, EN)'으로 상향 조정할 것을 주장하고 있다. 향후 20년 내에 사자가 지금의 절반까지 줄어들 것으로 예측하기 때문이다.

단순히 서식지가 감소한 것만으로 이렇게 많은 사자가 죽어나간 것은 아니다. 그 원인은 역시 인간의 반격이었다. 아니, '복수'라는 표현이 적합할지도 모르겠다. 순서를 따지자면 인간이 먼저 그들의 영역을 침범한 것이지만, 애초에 사자의 땅과 인간의 땅에 경계선이 그어진 것도 아니었으니 말이다.

사자로 인한 피해가 커지자 주민들은 사자를 직접 죽이기 시작했다. 이런 응징 살해는 밀렵과는 다르다. 자신의 가축을 죽인 사자를 보복 대상으로 특정한 것이기 때문이다. 가장 흔한 방법은 독약을 이용하는 것이다. 죽은 가축의 사체에 독을 풀어 이를 먹은 사자를 죽이는 방식이다. 2015년 케냐의 마사이마라 보호구역에 사는 '마시'라는 사자의 프라이드도 이런 방법에 당했다. 8마리가 독을 먹어 최소 3마리가 죽었고, 한 마리는 아예 실종되어 돌아오지 못했다. 이들은 BBC의 다큐멘터리 〈빅 캣 다이어리(Big Cat Diary)〉에 출연해 유명세가 있는 사자 가족이었지만 주민들은 개의치 않아 했다.

기존 목초지가 감소하면서 마사이족 목축업자는 수만 마리의 소를 보호구역에 보내 풀을 뜯게 했다. 이는 대형육식동물과 가축의 접촉을 규제하는 현지법에 위배되는 행위였으나, 울타리가 없는 곳에서 공공연히 이루어지던 일이었다. 소가 대량 유입되자 얼룩말, 임팔라 등의 야생동물은 금세 다른 곳으로 밀려났다. 그렇게 자신들의 사냥감이 줄어들자, 사자는 쉽게 잡을 수 있는 소를 사냥하기 시작했다. 이에 분노한 마사이족도 독살로 응징에 나섰다. 이 구역에서는 이러한 인간과 동물의 갈등이 매일 같이 일어나며, 최근 몇 년 들어서는 양상이 더욱 심각해졌다.

영국 〈가디언(The Guardian)〉에 따르면, 2018년 6월 나미비아에서 그레츠키라는 수사자와 암사자 한 마리가 마을에 내려와 양과 염소 12마리를 죽이는 사건이 발생했다. 출동한 공무원이 현장에서 두 사자를 사살했지만, 이는 아주 예외적인 경우였다. 대개의 경우는 마을 주민들이 직접 사자를 죽여왔기 때문이다.

사막사자보호단체인 DeLHRA(Desert Lions Human Relations Aid)의 대표 아이작 스미트(Izak Smit)는 이 지역 농장주 사이에 'SSS'와 'PSS'라는 은어가 떠돈다고 말했다. 이는 가축을 공격하는 사자를 처리하는 그들만의 방법인데, 총을 쏴서 (삽으로) 땅에 묻고 함구하거나(SSS: shoot, shovel and shut up), 독살해 땅에 묻고 함구한다(PSS: poison, shovel and shut up)는 뜻이다. 이는 결국 가축을 공격했거나 공격할 사자를 주민들이 몰래 죽여 없애 왔다는 뜻이다. 연간 강수량이 5ml에 불과한 나미브 사막에서 이 사자들은 사냥감의 피로 수분을 섭취하며 끈질기게 생존해 왔다. 그러나 척박한 풍토보다 인간의 공세가 훨씬 치명적이었던 걸까. 2018년 현재 이 지역의 사막사자 개체수는 115~120마리 수준으로 줄어들어, 향후 종 보존조차 쉽지 않은 상황이다.

이와 반대되는 양상도 있다. 아프리카의 국가가 관광수입을 극대화하기 위해 야생동물 보호구역이나 국립공원을 늘리면서 인간이 삶의 터전을 잃는 경우도 발생한다. 실제로 지난 2005년 케냐

정부는 사자 서식지에 사는 마사이족 일부의 강제 이주령을 발표했다. 그러자 이에 분노한 마사이족이 창과 활을 들고 보호구역에 들어가 수사자 5마리, 암사자 3마리를 죽이고 총 30여 마리의 사자에게 부상을 입히는 사건이 발생했다. 정부의 섣부른 정책이 부른 참사였지만, 그 배경에는 사자에 대한 인간의 뿌리 깊은 반감이 자리하고 있었다.

세실의 최후를 기록한 브렌트 스타펠캄프 전 연구원은 이런 상황을 안타까워하며, 사자에 대한 발상 전환을 조심스럽게 제안했다.

"동물을 생태계의 일부로 받아들이기 싫어하는 사람도 당연히 있습니다. 동물과의 분쟁이 계속되면서 그들의 삶이 위협받고 있으니까요. 그런데 이건 사자에 대한 이해가 부족하기 때문에 생기는 일입니다. 아주 흥미로운 사실은 이겁니다. 인간은 동물을 두려워하지만, 알고 보면 동물이 인간을 훨씬 두려워한다는 것 말이죠. 사자에게 그들만의 공간을 보장해준다면, 녀석들은 인간에게 절대 해를 끼치지 않을 거예요. 사람과 멀리 떨어진 곳에서 스스로 만족하며 살아가겠죠."

사자와 함께
산책을

대지를 호령할 줄 알았던 사자가 초라한 위상의 골칫거리로 전락해 있다는 사실에, 승룡 씨는 마음이 편치 않은 얼굴이었다. 애니메이션 〈라이온킹(Lion King)〉에서 모든 동물이 고개를 조아린 절벽 위 심바는 현실에 없었다. 백수의 왕 자리는 그 사자의 머리를 손에 든 인간의 차지였다.

그럼에도 사자를 코앞에서 만나는 경험은 경이롭다. 저 근육질 몸집과 위풍당당한 걸음걸이, 이글거리는 눈빛을 실물로 대하고 심지어 만져볼 수 있다면 어떨까? 분명 누구라도 그 강력한 야생의 카리스마에 압도당하고 말 것이다. 이런 거대하고 강력한 동물을 절멸시킬 힘이 인간에게 있다는 게 믿기지 않을 정도다. 그래서일까. 사자를 구조하고 연구하는 단체 ALERT(African Lion & Environmental Research Trust)를 찾은 승룡 씨는 간만에 기대감에 차 있었다. 이곳에서 보호 중인 사자를 직접 영접할 수 있는 기회를 얻었기 때문이다.

승룡 씨는 사자 관리사인 디바인 마테마와 함께 사자에게 줄 먹이를 직접 준비했다. 디바인은 먼저 초식동물의 사체와 내장 등을 40kg 가까이 손수레로 끌고 와 우리 안에 넣어놓았다. 뜨거운 햇빛에 조금은 삭은 듯한 고기향이 서서히 올라왔다. 승룡 씨도 거리낌 없이 다가가 주머니칼로 고기와 내장을 쓱쓱 썰어 크기를 맞쳤다. 오랫동안 해온 듯 능숙한 솜씨였다. 이미 냄새를 맡았는지, 멀지 않은 곳에서 사자의 하울링 소리가 들려왔다. 디바인과 승룡 씨의 손놀림이 바빠졌다.

그들이 준비한 것은 총 네 마리의 나이든 수컷 사자를 위한 먹이였다. 10살 정도 된 수컷은 자연 상태에서 살아남기도 힘들고, 네 마리나 모여 있긴 더더욱 힘들다. 사자 농장에서 태어나 여기저기 팔려 다니다가 왔거나, 야생에서 인간의 공격을 받고 죽다 살아난 녀석들이었다.

식사 준비를 마친 뒤, 벙커로 피해 밖을 내다보던 디바인이 짧게 외쳤다. "온다!" 언덕 너머 모습을 드러낸 사자가 순식간에 코앞까지 닥쳐왔다. '날아왔다'는 느낌이 들 정도였다. 흙먼지 바람이 얼굴을 확 덮치자, 승룡 씨의 입에서 탄성이 절로 터져 나왔다. 말 그대로 야생의 살기가 철조망 하나 사이로 고스란히 전해졌다. 어떤 동물의 존재감으로도 견줄 수 없을 정도였다.

"살짝 주저앉을 뻔했어요. 어마어마한 위압감이더라고요. 저 큰 턱과 이빨로 동물 사체를 씹어 먹을 때, 저희가 알고 있는 영화 같은 데서 나오는 그런 소리가 아니던데요. 흉내도 못 내겠어요. 아그덕 아그덕, 뼈마디가 부서지는 소리가 나는데 무섭더라고요."

반나절에 걸쳐 10kg의 고기를 먹어대는 허기진 본능 앞에서

ALERT에서 보호 중인 사자들의 먹이 먹는 모습

절로 등골이 서늘해졌다. 주민들이 왜 지레 공포를 느끼고 사자를 없애려 하는지도 짐작이 갔다. 우리나라 도심에 멧돼지 한 마리만 나타나도 뉴스에 기사가 나는데, 그게 이곳에서는 무려 사자인 셈이다.

이곳 ALERT는 위기에 빠진 사자를 구조해 보호하고 있다. 태어난 지 1년도 안 되어 부모를 잃은 새끼사자들, 가축이나 사람을

4장 지배자 인간, 공존으로의 여정

공격했다가 사살될 위기에 빠졌던 3~5살의 젊은 사자들, 캔드 헌팅용으로 농장에서 사육되다가 비용 문제로 버려진 노년의 사자들까지. 총 140여 마리가 이곳에서 새로운 삶을 찾았다. 현재는 9마리의 암컷과 28마리의 수컷이 5개의 우리에 분리 수용돼 사육사의 보살핌을 받고 있다.

문제는 이 사자들 대부분이 여기로 오기 전에 이미 인간과의 접촉에 노출된 경험이 있다는 점이다. 더구나 주는 대로 먹이를 받아먹으며 좁은 행동반경 안에서 생활하다 보면, 야생성은 점차 쇠퇴하기 마련이다. 그래서 사육 시스템에 한 번 익숙해진 사자는 정글이나 초원으로의 방사가 불가능해진다. (가끔 아프리카로 돌아간 사자에 관한 기사들이 뜨곤 하는데, 여기서의 방사는 진짜 자연이 아니라 야생동물 보호구역으로의 '제한적 방생'을 의미한다.) 코끼리나 곰에 비해 사자는 인간과의 교감 능력이 떨어지는데다가, 한 공간에 있는 것이 너무 위험해 사육사가 방사 교육을 시킬 수 없기 때문이다. 결국 이곳의 사자는 자신의 생존과 야생의 본능을 맞바꾼다.

"인간과의 교류가 있었던 사자들은 야생으로 돌아갈 수 없습니다. 이 녀석들은 인간에게 익숙해져 두려움이 없어진데다 사냥 능력은 떨어진 상태예요. 그러니 방생하면 사유지에 들어가 사냥이 쉬운 가축을 죽일 가능성이 높아지죠. 결국 인간과 야생동물 간의 갈등만 고조시키는 결과를 낳을 거예요. 그럼 다시 죽음에 내몰리게 될 거고요."

그러나 인간이 사자를 평생 돌본다는 것은 경제적 부담이 상당한 일이다. 사자 한 마리를 키우기 위해서는 1년에 2.5~3톤 이상의 육류가 필요하다. 거기에 보호구역 및 사육장 유지 보수비용, 관리사의 인건비, 사자의 건강상태를 관리하는 의료비 등이 더해진다. 얼핏 잡아도 37마리의 사자를 관리하는 데에 최소 40만 달러 이상의 예산이 투입된다. 짐바브웨의 여건에서는 상상하기 힘든 거액이다.

그래서 ALERT는 아프리카 사자의 위기를 알리고 사자를 건사할 비용도 마련하기 위해 사자 체험 프로그램(Lion Walk)을 운영하고 있다. 나이가 가장 어린 새끼들을 활용해 관광객이 사자와 함께 걷고, 만져보고, 사진도 찍을 수 있는 기회를 제공하는 것이다. 관광객이 7~10명 단위로 팀을 이뤄 사자와 산책하는 데에 한 시간 정도가 소요된다. 하루 5팀 이상 산책을 도는데, 참가자 1인당 요금 150달러를 낸다. 단체 운영을 위해서는 포기하기 힘든 수입원

아기 사자와 함께 하는 라이온 워크 프로그램 ©Lion Encounter

인 게 사실이다.

그러나 사자를 살린다는 명분 아래 오히려 사자를 돈벌이 수단으로 활용한다는 비판 여론이 거세다. 라이온 워크에 동원된 사자의 혹사와 야생성 훼손을 우려하는 목소리도 계속해서 들려온다. 무엇보다 이런 소모적인 논란 앞에, 사자와의 갈등을 최소화할 근본적 해결책 마련은 뒷전으로 밀려나고 있다. 인간과 동물 양쪽을 위해 사자를 세상으로부터 격리시키는 것이 당장은 유효할지 모른다. 하지만 언제까지, 얼마나 많은 사자의 본능을 억눌러가며 이 시스템을 유지해야 하는 것일까. 아직 그 누구도 이에 대한 해답을 내놓지 못했다.

승룡 씨는 이 한 살배기 사자들과 며칠간 생활하며 정이 듬뿍 들었다. 아직 몸의 얼룩도 사라지지 않은 어린 녀석들은 그가 썰어주는 생고기를 먹고, 민첩성 훈련도 하고, 함께 숲길을 산책했다. 그늘에서 잠시 쉴 때 녀석들이 시큰둥한 듯 쓰다듬는 걸 허락하자, 승룡 씨는 그게 더 마음에 걸렸다. 그의 손이 사자의 등 위를 무겁게 오갔다.

"이 새끼 사자들은 내가 아니라 엄마 아빠랑 저 넓은 초원에서 맘껏 뛰어놀아야 하는데…… 그래선지 애들 눈이 슬퍼 보여요. 사자가 정작 야생에선 생명을 보전할 수 없어서 보호시설에서 살아가

4장 지배자 인간, 공존으로의 여정

야 한다는 게 안쓰럽지만, 한편으로는 이렇게라도 사자를 살려낼 수 있다면 뭐라도 해야 한다는 생각이 드네요. 모순적이지만요."

이 싸움 끝에 사자가 결국 사라진다면, 어떤 변화가 생길까? 최상위포식자의 부재는 초식동물의 급속한 증가를 부르고, 이는 목초지의 황폐화로 이어질 것이다. 그리고 그 피해는 고스란히 아프리카를 삶의 터전으로 삼은 인간에게 돌아갈 것이다. 그러나 그것은 지금 당장의 일이 아니다. 오늘을 살아내는 게 지상과제인 궁핍함 앞에 '생태계', '종 보존' 같은 명분은 사치에 불과할 수 있다. 지구상에서 가장 위험한 동물과 가장 가난한 사람들의 잘못된 만남. 결국은 한쪽이 죽어야만 끝나는, 하지만 이후 다른 한쪽도 곧 죽게 될 이 치킨 게임은 그래서 더 잔인하다.

지구상 마지막
두 마리
코뿔소

멸종(extinction). 종(種)의 죽음. 이처럼 슬픈 단어가 또 있을까. 개체의 죽음이 겹치고 겹쳐 모든 탄생과 전달의 가능성을 막아버리고 마침내 최후의 개체마저 소멸하는 순간, 종의 유무도 뒤바뀐다. 기존의 자연법칙으로는 도저히 불가역적인 변화이자 존재의 부정이 완성되는 것이다.

멸종은 적자생존의 생태계에 늘 있는 현상이었다. 하지만 과거의 멸종이 유구한 세월에 걸친 도태였다면, 현재의 멸종은 급격한 단절이다. 나아가 신랄하고 처연한 한 시대의 끝이다.

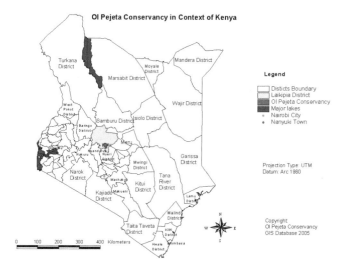

케냐에 위치한 올 페제타 보호구역(Ol Pejeta Conservancy) 표시: 빨간색

끝의
시작

　　　케냐의 올 페제타 보호구역(Ol Pejeta Conservan-
cy)으로 가는 길은 굽이굽이 오르막길이었다. 나이로비에서 자동
차로 4시간을 달려 라이키피아 지역의 나뉴키(Nanyuki)라는 작은
도시로 향했다. 4륜 차량의 타이어를 교체하고 30분을 더 가니 올
페제타가 나타났다. 아프리카 제2봉이자 케냐의 상징인 마운트 케
냐(Mount Kenya: 해발 5,199m)가 기준점처럼 우뚝 선 고원지대였
다. 케냐에서는 8월이 한겨울인데다, 해발 1,800m가 넘는 고도 탓

에 날씨가 제법 쌀쌀했다. 아침저녁으로 기온이 섭씨 3도까지 내려
갔다. 심지어 이곳은 정확히 위도가 0도인 적도 선상에 있었다.

신혜 씨는 추위와 고산증세에도 아랑곳없이 밝은 표정이었다.
아프리카를 찾으면 꼭 만나고 싶은 동물이 있었기 때문이다. 지구

4장 지배자 인간, 공존으로의 여정

올 페제타 보호구역에서 당근을 먹고 있는 북부흰코뿔소 모녀

상에 단 두 마리만 남은 북부흰코뿔소. 현재 멸종에 가장 근접한 이 거대동물은 올 페제타의 보안 구역에 꽁꽁 숨겨져 있었다. 일반인에게는 공개조차 되지 않는다는 곳에서 '휴머니멀'을 위해 이 코뿔소를 3일간 찍을 수 있는 촬영 허가를 어렵게 받아냈다.

북부흰코뿔소와 사육사 조셉

"어떻게 보면 제가 보는 게 북부흰코뿔소의 마지막 모습이 될 수
도 있는 거잖아요. 최후의 생존자인 이 동물들은 어떤 환경에서
지내고 있을지, 이 동물의 위기를 알리려고 사람들은 어떤 방법을
강구하고 있을지, 그런 것들이 궁금했어요."

북부흰코뿔소는 현존하는 다섯 종의 코뿔소 중에서 가장 큰
종이다. 최대 몸길이 5m에 몸무게는 2,700kg까지 나간다. 덩치만
큼이나 커다란 뿔을 가졌으며, 입이 옆으로 길고 주둥이가 넓은 것
이 특징이다. 그래서 원래는 네덜란드어로 '넓은코뿔소'라고 불렸

4장 지배자 인간, 공존으로의 여정

는데, 네덜란드의 '넓다'인 'wijd'가 영어의 'white(희다)'로 잘못 번역되면서 '흰코뿔소'로 불리게 되었다.

불과 50년 전까지만 해도 북부흰코뿔소는 남수단, 콩고 등지에서 6,000마리가 넘게 살고 있었는데 무차별한 도륙으로 지금의 멸종 직전에 이르렀다. 1960~1970년대에 주변 나라들이 끊임없는 내전을 겪은 게 직접적인 원인이었다. 게릴라전의 여파로 초원과 숲이 황폐화되었고, 군인들은 코뿔소 등 야생동물을 닥치는 대로 잡아 식량으로 활용했다. 이 틈을 타 이들의 뿔을 노리는 밀렵꾼들도 활개를 치기 시작했다. 결국 북부흰코뿔소는 원 서식지인 중부 아프리카 주변에서 한 마리도 살아남지 못했다. 외국의 동물원에 팔려간 개체들만 간신히 명맥을 유지할 뿐이었다.

그러나 2010년대에 들어서는 미국, 수단 등의 동물원에서 사육되던 북부흰코뿔소들도 고령으로 모두 폐사하고 말았다. 마지막으로 남은 개체는 체코의 드부르 크랄로베 동물원(Dvůr Kralove Zoo)에 살고 있었는데 생존과 번식 가능성을 높이기 위해 이곳 올페제타로 이송되었다. 이곳이 원서식지와 가장 비슷한 환경을 지닌 보호구역이기 때문이었다.

신혜 씨는 조셉 와키라(Joseph Wachira) 사육사와 함께 북부흰코뿔소가 살고 있는 비공개 구역으로 향했다. 녀석들에게 먹일 당근과 콩을 양동이에 가득 담아둔 상태였다. 게이트를 두 번 지나 몇 백 미터를 걸어 들어가자 넓고 푸른 들판이 나왔다. 저 멀리 코뿔소 세 마리가 보였다.

사육사를 본 코뿔소들이 어깨를 들썩이며 다가왔다. 하루 두 번인 식사시간을 기억하는 눈치였다. 푸르륵 콧소리를 해대는 녀석들이 가까워지자 신혜 씨의 눈이 휘둥그레졌다. 거대하고 느릿한 덩치, 회색 갑옷을 입은 듯 두껍게 튀어나온 피부, 우뚝 솟은 70cm 길이의 뿔까지. 마치 공룡이 시간의 문을 열고 눈앞에 나타난 듯해 절로 감탄이 터져 나왔다. 그러건 말건 북부흰코뿔소는 넓은 입을 땅바닥에 일자로 밀착하고 당근을 우물우물 빨아들이기 시작했다.

이곳의 북부흰코뿔소는 총 두 마리인데 모두 암컷이고 모녀 관계였다. 엄마인 나진(Najin)은 29살, 딸 파투(Fatu)는 19살이었다. 함께 있는 다른 한 마리는 이 녀석들의 인공수정 대리모 역할을 할 남부흰코뿔소 암컷이었다. 신혜 씨가 조심스레 다가가 코뿔소를 살짝 만져봤다. 조셉이 재미있다는 듯 그 모습을 지켜보다가 쓰다듬는 법을 가르쳐줬다.

"겁먹지 말아요. 등과 엉덩이 쪽을 쓰다듬어 주세요. 뒷다리와 배 사이 접힌 부분은 굉장히 부드러워요. 여기 만져주는 걸 좋아하거든요. 집에서 기르는 강아지나 고양이랑 비슷하죠."

"뭔가 피부가 엄청 거칠 거라고 생각했는데, 단단하면서도 말랑말랑하네요!"

북부흰코뿔소는 사람이 만져주는 손길을 좋아했다. 오랜 동물원 생활에 길들여지며 형성된 습성이었다. 특히 엄마인 나진은 나이만큼 오래 사람들과 지내서인지, 딸인 파투보다 더 순종적이었다. 사실상 야생성을 잃은 상태라는 뜻이다. 이는 그들의 뭉뚝한 뿔이 증명하고 있었다. 야생의 코뿔소는 계속 자라는 자신의 뿔을 나무나 바위에 갈아 날카롭게 만들 줄 안다. 천적이나 라이벌에게 자신의 우월함을 과시하고, 실제 싸움에서 무기로 활용하기 위한 본능이다. 함께 있는 남부흰코뿔소는 여전히 그 본능을 유지해 뿔 끝이 뾰족하게 서 있었다. 그러나 나진과 파투의 뿔은 크고 우뚝하지만 둥글게 마모된 상태였다. 혹시나 서로에게 상처를 입힐까 관리사가 끝을 뭉뚝하게 다듬었는데, 스스로 이를 날카롭게 만들지 못하고 있는 것이다. 이제 마지막 두 마리의 코뿔소는 평생을 인간의 손에 의지해서 살아가야만 한다.

올 페제타의 전담 관리팀은 이 북부흰코뿔소들을 24시간 꼼꼼히 살피고 있었다. 조셉과 관리사들은 아예 2교대로 사육장 인근 숙소에서 합숙생활을 했다. 수의사는 일주일에 한 번씩 녀석들의 식사량과 근육량, 걷는 모습을 체크하고, 심장박동과 폐음을 측정했다. 다행히 두 마리 모두 건강한 상태를 유지하고 있었다. 드넓은 사육장 주변에서는 실탄으로 중무장한 레인저들이 사주경계를 멈추지 않았다. 여전히 엄존하는 밀렵의 위험으로부터 녀석들을 지키기 위해서였다. 이 두 마리에게 문제가 생기면 '사실상 멸종 상태'가 '멸종 상태'로 바뀌고 만다. 녀석들은 일종의 '마침표' 같은 존재였다.

신혜 씨는 이 최후의 코뿔소마저 노리는 밀렵꾼의 탐욕에 말문이 막혔다. 조셉은 담담하게 그 이유를 설명해주었다.

"코뿔소 뿔이 약효가 있다고 믿는 사람들이 여전히 많아요. 암을 치료할 수 있다거나, 비아그라를 만드는 데 쓰인다고 생각하죠. 하지만 그건 전혀 사실이 아닙니다. 뿔은 우리의 손톱이나 머리카락과 똑같아요. 도대체 이런 걸 왜 먹는지 모르겠어요. 전체적으로 밀렵의 수는 점차 줄어드는 추세예요. 그러나 그럴수록 뿔의 가격은 점점 높아지고 있지요."

사실 뿔은 각질이라 주성분이 케라틴(Keratin)이다. 항암, 해열, 통증완화, 숙취해소 등과 아무런 연관이 없는 단백질 성분일 뿐이다. 그럼에도 민간 의학의 잘못된 믿음은 종교처럼 굳건하다. 2018년 현재, 암시장에서 코뿔소 뿔 1kg의 가격은 5만 4000달러(약 6,146만 원)로 금 1kg(약 4,464만 원)보다 비싸게 거래되고 있다. 이 정도면 온전한 뿔 하나가 한화로 1억 원쯤 하는 셈이다. 코뿔소 뿔은 주로 중국과 베트남의 약재시장에서 거래되는데, 중국 정부가 25년 만에 의료 목적 사용을 허가하면서 불법 거래도 다시 활발해지고 있다.

코뿔소의 뿔은 자르면 다시 자라난다. 하지만 밀렵꾼들은 뿔

밀렵꾼에게 뿔이 잘려나간 코뿔소 ©Loweld Rhino Trust (왼쪽)
암거래 시장에서 고가에 거래되는 코뿔소의 뿔(오른쪽)

을 최대한 뿌리까지 얻기 위해 코뿔소를 기절시키고, 얼굴 윗부분까지 깊숙이 베어간다. 상아를 얻을 때 코끼리에게 썼던 방법과 마찬가지다. 얼굴이 잘려나간 코뿔소는 고통에 몸부림치다 과다출혈로 죽고 만다. 이렇게 밀렵꾼에게 살해당한 코뿔소가 2015년 한 해에만 1,338마리에 달했다. 지구상 코뿔소 중 가장 큰 뿔을 지닌 종이 사라질 위기에서도, 인간의 잔인한 칼질은 계속되고 있다.

"밀렵꾼이 이렇게 커다란 코뿔소를 죽이면, 이런 동물을 키워내기까지 또다시 30년이 걸리는 거예요. 심지어 북부흰코뿔소는 기를 새끼 한 마리 남아있지 않습니다. 이제 저 둘밖에 없어요. 그래서 저들의 개체수를 늘려주기 위해 우리가 할 수 있는 방법을 찾고 있습니다."

해가 지평선 너머로 넘어가는 오후 다섯 시 무렵, 나진과 파투는 실내 방사장으로 이동한다. 밤이 되면 이 넓은 구역을 일일이 감시하기가 힘들어지기 때문이다. 두 녀석이 관리사를 따라 순순히 들어가는 걸 본 후, 신혜 씨는 차에 올랐다. 조셉이 알려준 코뿔소의 무덤을 찾기 위해서였다. 올 페제타 사파리 구역을 가로질러 15분 정도를 달리니, 평원에 홀로 선 나무 한 그루가 보였다. 그 밑에 있는 20여 개의 돌무덤은 모두 여기서 생을 마감한 코뿔소들(검은코뿔소 포함)의 것이었다. 신혜 씨가 말없이 무덤 사이로 걸어 들어갔다. 2009년 나진, 파투와 함께 이곳으로 이송됐던 수컷 북부흰코뿔소 수니(Suni)와 수단(Sudan)의 묘비가 그녀를 맞이했다.

1980년 체코의 드부르 크랄로베 동물원에서 태어난 수니는 '희망'의 상징이었다. 수니는 나진이나 파투와 짝을 이룰 수 있는 사실상 유일한 수컷이었다. 1972~1973년생인 수단은 나이도 나이지만, 나진의 친아버지이자 파투의 할아버지여서 교배가 불가능했기 때문이다. 그러나 수니는 나진과 파투에게 수컷으로 인정받는 것에 어려움을 겪고 겉돌았다. 별도의 방사장에서 검은코뿔소들과 생활하는 시간이 더 길었다. 그러던 수니는 결국 제대로 된

수컷 북부흰코뿔소인 수니 수단의 마지막 모습

번식의 기회를 갖지 못한 채 지난 2014년 10월 사망하고 말았다. 수단 역시 오른쪽 뒷다리 부상이 복합 감염으로 악화되는 바람에 2018년 3월 45세의 나이로 안락사 되었다.

나란히 서 있는 두 수컷 북부흰코뿔소의 무덤. 수단의 묘비에는 'The Last Male Northern White Rhino(지구상 마지막 수컷 북부흰코뿔소)'라는 문구가 선명하게 새겨져 있었다.

"죽은 게 불과 작년이었대요. '마지막 수컷'이라니 묘비명이 너무 쓸쓸하네요. 한 시대가 끝나는 느낌이랄까…… 이제 자연 상태로

수컷 북부흰코뿔소 수니와 수단의 무덤(위)
북부흰코뿔소의 무덤을 가만히 바라보는 박신혜 배우(아래)

는 아무런 희망이 남지 않은 거잖아요. 바로 우리 인간들 때문에 말이에요. 하지만 이들을 다시 되살릴 실낱같은 가능성도 결국은 인간 손에 달려있다는 게 아이러니인 것 같아요."

말을 잃고 서 있는 신혜 씨 너머로 땅거미가 내려앉고 있었다. 이 일몰이 북부흰코뿔소의 '끝'과 닮은 듯도 했다. 과연 저 어둠 너머에는 새벽이 기다리고 있을까.

멸종을
대하는
태도

누군가는 이렇게 말할지도 모른다. "멸종이라는 것도 일종의 적자생존 아닌가. 새로운 환경에 적응하지 못하는 동물은 사라지고, 다른 동물들이 또 나타나지 않겠는가."라고. 두 마리밖에 안 남은 코뿔소를 보는 것은 서글프지만, 엄연히 이 또한 자연의 선택이나 순환이라고 말이다. 하지만 멸종의 속도나 양상이 이전과 너무 다르다면, 이를 평범한 순환으로 볼 수만은 없다.

2019년 미국 스탠퍼드, 프린스턴, UC버클리대학의 생물학자들이 '사이언스 어드밴스(Science Advances)'에 게재한 연구보고서에는 그 분석이 적나라하게 드러나 있다. 한마디로 "지금은 유례없이 빠른 멸종의 시대"라는 것이다. 인간이 압도적 지배자가 된 20

4장 지배자 인간, 공존으로의 여정

세기 100년 동안 척추동물이 멸종한 속도는 인간 출현 이전의 100년보다 최고 114배나 빨랐다. 보고서에 따르면 20세기의 포유류 멸종 속도는 과거 같은 시기보다 55배, 조류는 34배, 파충류는 24배, 양서류는 100배, 어류는 56배나 빠른 것으로 나타났다. 가장 속도가 빨라진 양서류의 경우, 인간이 출현하기 이전에는 100년 동안 1만 개의 종(種) 가운데 2개만 멸종했다. 그러나 지난 세기에는 1만 개 가운데 200여 개의 종이 멸종하고 말았다.

이는 6,600만 년 전 공룡이 멸종한 '다섯 번째 대멸종' 이후 가장 빠른 속도다. 세계자연보전연맹(International Union for Conservation of Nature, IUCN)의 통계에 따르면, 이미 멸종된 동물 외에도 현재 멸종 위기에 처해 있는 동물만 무려 1,200종에 이른다. 지구상 전체 양서류의 약 41%, 포유류의 26%가 멸종 위기에 처해 있는 상황이다. 공동저자인 스탠퍼드 대학교의 폴 에를리히(Paul Ehrlich) 생물학 교수는 "연구 결과, 현재 우리가 여섯 번째 동물 대멸종 시기에 접어들었음을 알 수 있다."고 말했다.

문제는 이 지나치게 빠른 멸종의 원인이 모두 '인간'이라는 점이다. 지구온난화로 인한 기후변화와 환경오염, 삼림 파괴, 서식지 감소, 남획 등은 모두 인간 활동의 직간접적 결과물이다. 행여 인간을 멸종의 원인에서 제외시키려는 시도는 공허한 책임회피일 뿐이다. 인류학자 재러드 다이아몬드는 이를 다음과 같이 비유했다.

"상당한 수의 동물들이 멸종해가고 있지만, 이를 모두 자연적 현상이라고만 치부할 수 있을까요? 이렇게 생각해 봅시다. 자, 사람이 죽는 건 자연 현상입니다. 그런데 만약 당신이 길거리에 나갔는데 살인자가 당신 목을 칼로 찔러놓고선 판사에게 이렇게 말하는 거예요, '그 사람의 죽음은 자연적 현상입니다'라고요. 그러면 판사는 '죽음 자체는 자연스러운 현상이지만, 당신이 목을 찌름으로써 저 사람은 본래 수명보다 빨리 죽음을 맞이했습니다.'라고 할 겁니다. 이와 비슷하게, 동물들의 멸종 속도가 지금처럼 빨라진 건 압도적으로 인류의 영향이라고 할 수 있습니다."

세계자연보전연맹은 멸종위기종의 등급을 총 9단계로 구분하고 있다. 사자는 그중 멸종위기 가능성이 높은 단계인 취약(Vulnerable, VU) 등급으로 분류되어 있다. 우리에게 익숙한 기린이나 코끼리, 늑대, 북극곰, 표범 등도 모두 멸종위기종에 포함돼 있다. 그럼에도 우리는 이 위기를 제대로 직시하려 하지 않는다. 실제로 미국 뉴멕시코 대학교 연구진의 조사 결과, 이들이 위험에 처해 있다고 생각하는지 묻자 '아니요.'라고 답한 비율이 사자 57.8%, 기린 60.1%, 표범 55.9%, 코끼리 35.4%에 달했다. 전문가들은 경고한다. 이 무감각 또는 외면이 결국 지배자인 우리 자신에게 부메랑으로 돌아올 수 있다고.

이정모 국립과천과학관장은 그의 저서 《공생 멸종 진화》에서

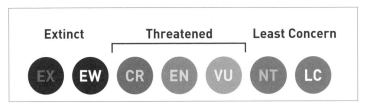

멸종위기동물 등급. 왼쪽부터 멸종, 절멸위기종, 관심필요종

"여섯 번째 대멸종은 산업혁명이 한창이던 1820년 또는 제2차 세계대전이 끝난 1945년부터 시작되었다."고 말했다. 이에 덧붙여 "좀 과도한 걱정을 하는 과학자들은 앞으로 500년 안에 생물종의 50% 이상이 사라질 것이라고 예측한다. 낙관적으로 보는 사람들도 길어야 1만 년이 걸릴 것이라고 한다. 그러니까 아무리 낙관적으로 봐도 세 번째 대멸종보다 100배나 빠른 속도로 진행되고 있다는 것이다."라고 분석했다. 그에 따르면 다섯 번의 대멸종마다 볼 때 당시의 최상위 포식자는 반드시 멸종했는데, 지금의 최상위 포식자는 인류이다. 이것이 규칙이라면 인류는 여섯 번째 대멸종에서 결코 살아남을 수 없다는 뜻이다. 과연 인간은 스스로 앞당긴 멸종 위기에서 공룡과 다른 운명을 맞이할 수 있을까?

연장전,
인간의 힘

　　야생절멸(Extinct in the Wild, EW), 준멸
종상태는 자연에서는 존재하지 않고 보호구역이나 동물원 같은 보
육시설에서 제한적으로 생존한 상태를 가리킨다. 현재 북부흰코뿔
소가 속한 야생절멸(EW)은 멸종위기 아홉 단계 중 8단계이다. 나
진과 파투가 죽으면 곧바로 절멸(Extinct, EX) 단계로 전환, 공식적
인 멸종 선언이 이루어진다.

　　하지만 아직 포기하지 않은 사람들이 있다. 올 페제타의 수의

체외인공수정을 위해 난자를 채취하고 있는 다국적 수의학팀과 연구진

학팀은 독일 베를린 라이프니츠 연구소, 이탈리아 아반테아 연구소, 체코 드부르 크랄로베 동물원 연구팀, 케냐야생동물보호국(Kenya Wildlife Service, KWS) 등과 손잡고 북부흰코뿔소의 종을 보존하려는 프로젝트를 시작했다. 이들이 선택한 마지막 방법은 체외인공수정(In Vitro Fertilization, IVF)이다. 수컷 북부흰코뿔소가 죽기 전에 채취해둔 냉동 정자와 암컷의 난자를 수정해 인공배아를 만드는 것이 핵심이다. 이를 위해 지난 2019년 8월 말, 다국적 생명공학 연구진들이 케냐 올 페제타를 방문해 난자를 채취했다. 이날, 나진과 파투에게서 얻은 난자는 각각 5개씩 총 10개. 지구상에서

북부흰코뿔소를 구할 수 있는 마지막 열쇠를 복각해낸 것이다.

하지만 어렵게 배아를 만드는 데 성공한다 해도, 나진과 파투에게는 이식할 수가 없다. 나진은 이미 노화로 임신이 불가능한 나이이고, 파투는 자궁에 질환이 있어 착상 자체가 어려운 상태이기 때문이다. 그래서 연구진은 가장 형질이 비슷한 남부흰코뿔소 암컷에게 인공배아를 착상시켜 대리 수정하는 방법을 계획하고 있다.

마지막 북부흰코뿔소의 난자와 정자는 이탈리아의 아반테아(Avantea) 동물복제 연구소에 맡겨졌다. 밀라노 외곽 크레모나(Cremona)에 위치한 이곳은, 말 복제에 성공한 노하우를 갖고 있는 대형 초식동물 전문가 그룹이다. 그러나 코뿔소 난자로 작업하는 것은 처음이라 결과를 장담하기 힘들다.

난자를 채취한 지 두 달 후, 다행히 코뿔소의 배아를 만드는 데 성공했다는 소식이 들려왔다. 파투의 난자로 총 2개의 배아를 배양해낸 것이다.

"난자 채취 후 여기로 가져와서 파투의 젊은 난포 중 4개를 숙성시켰습니다. 그런 후에 혈연관계가 아닌 수니의 정자로 수정을 시도해 2개의 북부흰코뿔소 배아를 만들어냈습니다. 이 배아들을 9월 9일 냉동시켰고, 현재 우리 연구소 바이오뱅크에 저장되어 있습니다."

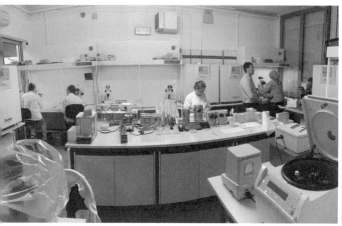

이탈리아의 아반테아(Avantea) 동물복제 연구소 내부 모습

그러나 크레모나의 연구실에서 직접 만난 체사레 갈리(Cesare Galli) 박사는 아직 임신 성공을 논할 단계가 아니라며 조심스럽게 말했다.

"배아의 상태는 아주 좋기 때문에, 만약 말이라면 성공 확률을 50%까지 높일 수 있습니다. 하지만 코뿔소는 아직 배양을 해본 적이 없기 때문에 확률을 예측할 수가 없어요. 우선 남부흰코뿔소의 배아로 착상을 시도해보고, 확신이 생기면 그때 이 두 개의 배아를 사용할 예정입니다."

대리모 후보가 될 남부흰코뿔소와 새끼 코뿔소

이제 남부흰코뿔소에 모의 착상 실험을 진행해 가장 적합한 대리모를 찾아내야 한다. 그리고 그 대리모의 건강 상태와 외부 환경 등을 고려해 착상과 출산을 진행해야 한다. 이제 막 첫 걸음을 떼었을 뿐, 한 번도 가보지 않은 길이 여전히 안개 속으로 뻗어있다. 이 프로젝트는 최소 5마리의 북부흰코뿔소를 탄생시켜 야생으로 돌려보내는 걸 목표로 하고 있다. 하지만 그렇게 되는 데에는 수십 년의 시간이 필요하고, 가능성은 마냥 낙관하기 어렵다.

코뿔소 6,000마리가 두 마리로 줄어드는 동안, 우리에게는 이들을 지켜낼 수백 번의 기회가 있었다. 그 모든 타이밍을 덧없이 흘려보내고 경기종료 휘슬이 울리기 직전에야. 우리는 간신히 한 번의 연장전을 더 만들어냈다. 대체 왜 이렇게 먼 길을 돌아온 것일까. 어쩌면 이 '병 주고 약 주기'는 멸종에 대한 죄책감을 떨쳐내려는 인간 스스로에 대한 면죄부인지도 모른다. 그럼에도 인류에게는 이 추가 찬스에 모든 노력과 의지를 쏟아 부어야 할 의무가 있다. 그것은 우리 손에 죽어간 북부흰코뿔소와 다른 모든 동물을 향한 최소한의 예의일 것이다.

"자연과 조화를 이루며 살아가기 위해서는 먼저 자연을 이해할 필요가 있습니다. 우리가 이 상황을 개선하기 위해서 무엇을 해야 하는지 알아야만 해요. 무엇보다 야생동물에 대한 동정, 사랑, 존중의 마음을 가져야 합니다. 인류가 온힘을 모아 노력해야죠. 회복이 불가능해 보이는 생태계의 위기를 다함께 해결하기 위해서요. 전 충분히 할 수 있다고 봅니다. 해낼 수 있어요. 이런 제 희망의 근거는 인간과 동물의 공존을 위해 불굴의 의지로 노력하는 사람들, 바로 그들에게 있습니다."

'지배자 인간'에 대한 희망을 버리지 말자는 영장류 학자 제인 구달의 외침을 되새겨 봐야 할 시점이다.

휴머니멀의
여정이
도달한 곳

마음이 가볍지 않은 여정이었다. 1년만에 지구 다섯 바퀴 이상도 기꺼이 돌 수 있고, 피비린내 나는 살풍경도 눈 질끈 감고 참아낼 수 있지만, 사람에게 실망하고 분노하는 경험만큼은 역치가 높아지지 않았다. 살아 있는 코끼리의 얼굴을 전기톱으로 베어간 밀렵꾼, 일가족과 함께 있던 아빠 하마를 쏴 죽인 트로피 헌터, 돌고래를 꼬챙이로 쑤셔 바다를 붉게 물들인 어부, 가축을 지키기 위해 독을 풀어 사자 가족을 몰살시킨 주민들. 야만의 살육을 행하는 이들은 결국 인간 본성의 어두운 욕망을 대변하는 하나의 상징이었다.

그중에도 가장 소름이 돋았던 순간은, 이들에게서 '악의 평범성'을 발견했을 때였다. 나치에서 친위대 장교로 유대인 말살작업을 담당했던 아돌프 아이히만(Adolf Eichmann)이 체포되자, 사람들은 그가 포악한, 인간의 탈을 쓴 악마일 거라 추측했다. 그러나 그는 정반대로 지극히 평범하고 성실한 가장이었다. 아이히만은 그저 부여받은 임무를 열심히 수행한 것이었으며, 이 과정에서의 내적 갈등은 없었다고 했다. 이때 제시된 개념이 '악의 평범성'이다. 독일의 정치철학자 한나 아렌트(Hannah Arendt)는 '역사 속 잔인한 악행은 광신자나 반사회성 인격장애자가 아니라, 조직에 순응하는 평범한 사람들에 의해 행해진다.'고 이를 설명했다.

실제로 동물을 잔혹하게 살해하는 사람들은 모두 하나의 '직업' 또는 '책임감'으로 이 일을 행했다. 돈을 벌기 위해서건 가족과 마을을 지키기 위해서건, 명분과 절박함이 하나가 되는 순간 이들은 아무런 죄책감을 느끼지 않았다. 동물을 하나의 '생명'이 아니라, 수단 또는 자원으로 대하는 가치의 전환이 이루어졌기 때문이다.

돌고래의 사체가 둥둥 떠다니는 만에서 타이지의 어부들은 동료와 태연하게 담소를 나누고 있었다. 이 상황을 '학살'이 아닌 평범한 일상이라 여길 때 나올 수 있는 반응이었다. 또한 인간은 자신의 생존이 위기에 직면하면 다른 생명의 가치를 보다 뒷전으로 미룬다. 짐바브웨 촬영이 한창이었을 때, 현지 통역이 다가와 사진 한 장을 보여주었다. 한 젊은 남자가 3발의 총을 맞고 땅에 거꾸러져 있었다. 사진 속의 그는 원래 인근 사파리에서 야생동물을 보호하는 레인저로 일하던 젊은이였다. 그러나 몇 달 전, 사파리 경영이 어려워지면서 해고를 당하고 말았다. 집에는 부인과 네 살배기 딸, 갓 돌이 지난 아들이 있었다. 몇 주만에 생활고에 시달리자 그는 결국 밀렵에 가담했다. 세 번째 원정에서 그는 밀렵 현행범으로 현지 군인에게 사살당하고 말았다.

동물을 보호하는 직업을 가지고 있던 사람도 생계 앞에서는 동물을 죽이는 밀렵꾼으로 돌변하는 현실. 이렇게 지배자 인간은 때로 나약하고 불안정해진다. 또한 그러므로 더 위험한 존재이기도 하다. '휴머니멀'의 여정은 이러한 인간의 본성을 한 꺼풀 벗겨내는 과정이었고, 그것은 우리 자신의 가장 나약한 부분을 스스로 헤집어내는 고통을 동반했다.

그러나 그 안에도 위안과 희망은 늘 존재했다. 사람에게 받은 상처를 다른 사람에게 치유 받는 경험이 우리를 버티게 했다. 보츠와나 밀렵 현황이 담긴 140쪽의 보고서를 학계에 발표한 마이크 체이스 박사, 코로나바이러스감염증-19의 여파로 아사 위기에 빠진 코끼리를 집중 구조 중인 샌드언 '렉' 차일러트 여사, 우리가 방문한 이후에만 15마리의 곰을 더 방사한 벤 킬햄 박사, 인도네시아 발리에 만든 돌고래 피난처로 수족관 돌고래를 이송하는 일에 나선 팀 번즈 활동가……. 여전히 동물 곁에서 혼신의 노력을 다하는 이들의 존재는 '휴머니멀'이 탄생하게 된 가장 자랑스러운 이유였다. 그리고 인간의 본성에 대한 우리의 의구심과 좌절, 무력감을

가라앉히는 살아 있는 증거이기도 했다. 프레젠터 박신혜 씨 역시 이번 여정을 통해 이분들을 만난 게 가장 감사한 일이라고 말했다.

"누구나 본인의 삶이 있고 원하는 성공이 있을 텐데, 오로지 소중한 가치를 위해 자신을 희생하고 헌신한다는 건 정말 어려운 일이잖아요. 우리는 내 곁에 있는 사람, 사랑하는 사람에게도 그렇게 하지 못해서 다들 시간이 지나면 후회하는데 말이에요. 동물과 자연을 위하는 방법을 끊임없이 찾아내고, 사람들에게 알리고, 보호하려는 분들에게 정말 존경의 박수를 보내드리고 싶어요."

이들은 동물에게 새 삶을 주듯, 우리에게는 해답을 주었다. 피와 눈물, 삶과 죽음, 분노와 안도감이 뒤엉킨 먼 길을 돌아와 마침내 찾아낸 해답은 '그럼에도 인간'이었다.

〈월터의 상상은 현실이 된다(The Secret Life of Walter Mitty)〉라는 영화의 주인공 월터 미티는 〈라이프(LIFE)〉 잡지사에서 포토 에디터로 근무하고 있다. 그는 사진 작가 숀 오코넬로부터 폐간 직전, 마지막 호에 실릴 필름을 전달받는데, '삶의 정수'가 담겼다는 표지용 필름을 분실하고 만다. 월터는 이 필름을 찾아 전 세계를 돌아다니며 갖은 모험을 한 끝에 숀을 만나지만, 알고 보니 필름은 그의 주머니 속 지갑에 들어있었다. 그리고 숀이 찍은 '삶의 정수'는 대단히 희귀한 무언가가 아니라, 일에 몰두해 있는 월터 자신의 모습이었다.

처음에는 '휴머니멀'이라는 프로젝트를 통해, 인간과 동물의 공존을 위한 특별한 묘책을 찾아보고자 했다. 저 먼 아프리카와 미국, 태국, 일본, 이탈리아로 발품을 팔다 보면, 어느 순간 그 '삶의 정수'를 만날 수 있을 것이라 생각했다. 그러나 묘책 같은 건 없었다. 월터가 숀을 찾아가는 길이 결국은 잊고 살던 나 자신을 찾아가는 길이었듯, '휴머니멀'의 여정도 결국은 우리 마음속의 의지와 진정성을 찾아내는 과정이었다. '삶의 정수'는 바로 인간의 각성이다. 이제껏 제어할 엄두조차 내지 못했던 인간의 탐욕을 지금부터라도 정면으로 응시하고, 멈춰내겠다는 결심. 그것이 이 기울어진 공존의 균형추를 제자리로 돌려놓을 유일한 희망이다.

그렇다고 해서 모든 사람이 동물보호 활동가가 될 수는 없고, 될 필요도 없다. 환경운동에 투신하거나 채식주의자로 사는 것이 유일한 해법도 아니다. 모두가 각자의 일상 속에서 생태계를 위한 작은 실천을 행하는 것. 이 각성이 주는 자괴감과 위기감에 비추어, 해야 할 일에 나서고 하지 말아야 할 일을 멀리하는 것. 그것이야말로 공존을 향한 작지만 담대한 첫걸음이 아닐까.

"세상을 보고 무수한 장애물을 넘어, 벽을 허물고 더 가까이 다가가, 서로 알아가고 느끼는 것. 그것이 바로 인생(LIFE)의 목적이다."

이것은 〈월터의 상상은 현실이 된다〉 속 라이프 잡지사의 모토다. 여기서 '인생'만 '휴머니멀'로 바꾸면 바로 우리의 주제가 된다. 이제 이 목적이 '휴머니멀'의 여정을 접한 모든 이의 가슴속에 아로새겨지길 기원한다. 지구상의 모든 생명체를 위해, 그리고 당신을 위해.

휴머니멀

2020년 6월 24일 초판 1쇄

지은이·김현기
펴낸이·박영미 | 경영고문·박시형

책임편집·김다인 | 디자인·임동렬
마케팅·양봉호, 양근모, 권금숙, 임지윤, 조히라, 유미정
경영지원·김현우, 문경국 | 해외기획·우정민, 배혜림 | 디지털콘텐츠·김명래

펴낸곳·포르체 | 출판신고·2006년 9월 25일 제406-2006-000210호
주소·서울시 마포구 월드컵북로 396 누리꿈스퀘어 비즈니스타워 18층
전화·02-6712-9800 | 팩스·02-6712-9810 | 이메일·info@smpk.kr

ⓒ 김현기(저작권자와 맺은 특약에 따라 검인을 생략합니다)
ⓒ 2019. ㈜MBC문화방송, 휴머니멀 제작팀 원작.

ISBN 979-11-6534-180-0 (03300)